VOYAGE

DE

JACQUES LE SAIGE.

VOYAGE

DE

JACQUES LE SAIGE,

DE DOUAI

A ROME, NOTRE-DAME-DE-LORETTE, VENISE,

JÉRUSALEM ET AUTRES SAINTS LIEUX.

NOUVELLE ÉDITION.

Publiée par H.-R. Duthillœul.

———•◆•———

DOUAI. — Adam d'Aubers, imprimeur.
— 1851 —

JACQUES LE SAIGE

ET LES ÉDITIONS DE SON LIVRE.

Nous ne savons que bien peu de chose sur ce qui se rattache à la vie de Jacques Le Saige, avant le moment de son départ pour le voyage de la Terre-Sainte. La date de sa naissance, le lieu où il est né nous sont inconnus. Nous présumons cependant qu'il a vu le jour à Douai, et qu'il appartenait à une famille établie depuis longtemps dans le pays, car il parle de ses *héritages en Haynaut*, à propos d'un emprunt (*). Le Saige était, ainsi qu'il nous l'a appris, marchand de draps de soie à Douai, grande rue St-Pierre, ou des Femmes gisantes, aujourd'hui rue des Procureurs (**). Nous avons la preuve que notre pèlerin habitait cette rue bien avant son

---

(*) Il n'est pas inutile de dire ici que le Haynaut, alors, s'étendait jusqu'aux portes de Douai, puisque Dechy et Guesnain en faisaient partie. Ce n'est qu'en 1782 que ces villages ont été réunis à la France wallonne.

(**) Cette rue, que l'on nommait d'abord Grande-Rue St-Pierre, prit le nom des Femmes gisantes, à cause d'un hôpital qu'y avait fondé, en 1274, Werin Mulet, sur le rang Est de cette rue, et vers le milieu.

départ. Dans un acte du mois de mai 1512, reposant aux Archives de la mairie de Douai, nous avons lu ces mots, par rapport à une maison sise rue des Procureurs : « *Joignant à l'héritage de Jacques Le Saige* (*).

Il avait pour enseigne, en 1525, les armes du patriarchat de Jérusalem d'un côté, et de l'autre celles du royaume de Jérusalem, avec cette devise : *Loe soit Dieu. — Jen suis revenu.*

Il paraît qu'avant d'entreprendre le voyage à Rome et à Jérusalem, Jacques avait déjà fait celui de St-Jacques de Compostelle, en Galice. En parlant de la réception qui lui fut faite lors de sa rentrée à Douai du dernier voyage, il dit : « Vinrent toute la confrerie
» de sainct Jacques, banniere desploiiee, ad cause que avoie faict
» aussy le voyage de sainct Jacques. »

Le bon homme alliait un grand fonds de dévotion à un amour très-prononcé pour le bon vin et la bonne chère. Il était peu sensiblement touché à la vue des chefs-d'œuvre de l'art ; peu lettré, d'ailleurs, il savait cependant le latin tant bien que mal.

Foppens dit que Jacques était chevalier de Saint-Jean de Jérusalem, *dignité* que, sans doute, il avait obtenue lors de son voyage à la sainte cité. C'est aussi Foppens qui nous apprend que Jacques mourut le 11 février 1549, et qu'il fut enterré dans l'église collégiale de St-Pierre à Douai.

Jacques, lorsqu'il fut remis de ses fatigues, qu'il eut étudié l'état de ses affaires, qu'il en eut repris le cours, s'occupa sans doute de la mise en ordre des notes qui composaient le journal de son voyage. La ville de Douai n'ayant pas encore de presses en 1520-23, il s'adressa à celles de Cambrai, et il fit imprimer le livre à ses *despens*. Il le distribua généreusement à ses amis. S'il en fut vendu des exemplaires, ce fut à des pèlerins qui entreprirent le

---

(*) N° 1294 de l'inventaire chronologique.

saint voyage après lui, et qui les achetèrent comme guides ; ceci expliquerait l'excessive rareté du livre. La plupart des exemplaires emportés par les pèlerins auront été ou usés ou perdus pendant le cours du voyage.

Il y a deux éditions connues de ce livre. Nous soupçonnons, comme on le verra plus tard, qu'il y en a eu une troisième, qui serait la première, la plus ancienne. Nous parlerons d'abord des deux dont l'existence est incontestable.

On ne connaît que cinq exemplaires de ces deux éditions. Il a été fait mention d'un autre par les bibliographes ; mais on ne sait aujourd'hui ce qu'il est devenu (*). Voici les noms des heureux possesseurs de ces curiosités bibliographiques, avec la description et l'historique de chacune d'elles.

L'exemplaire complet de la première édition connue, et nous disons à dessein connue, est celui qui appartient à M. de Godefroy de Menil-Glaize. Nous en reproduirons le titre, vers la fin de cette notice, en regard de celui de la seconde édition.

Cet exemplaire est venu par héritage à M. de Godefroy. Une main du XVIe siècle a écrit sur la page du titre : *Ad usum fratris Florentii Lepers, insulensis religiosi Marchianensis ordinis scti Benedicti.*

La reliure n'offre rien de remarquable, elle est en vieille basane fauve foncée, un peu fripée ; mais l'intérieur du livre est propre, bien conservé. Le couteau du relieur a respecté la dimension des pages. Sur les plats sont imprimés des losanges dont l'encadrement est à quadruples raies, et dans l'intérieur de chacun sont de petites rosaces ou des fleurs de lys.

C'est un petit in-4°, gothique, signatures A-FFij, fesant

(*) M. Brunet parle d'un exemplaire de 108 feuillets, vendu chez Regnauld Bretel.

107 feuillets ; dans le dernier feuillet, l'auteur nous apprend qu'il a fini d'écrire le XI juillet 1523.

Le verso du même 107ᵉ feuillet est ainsi conçu :

> Je Iacque le Saige prie a cheulx quy liront chedit li-
> vre quy leur plaise me doner une recomandation
> au benoist createur ou a sa benoiste mere Marie : et
> ie prie quil puissent partir a ung chapelet par moy
> dict en leglise du sainct sepulcre.

> Che present livre a faict ung nome iacque Le saige
> Lequel est bien sarpilit de langaige,
> Grand crocheteur de boutelles et de flacquon
> Je prie a Dieu quy luy fache pardon.
>   Amen.

Imprime a Cambray par Bonaueture Brassart demourant aupres de la magdalaine en montant a sainct Gery.

Le second exemplaire de cette dite première édition est celui de la Bibliothèque nationale ; il est incomplet et ne compte que 105 feuillets. Le verso du 105ᵉ feuillet finit ainsi : *Et celuy qui la iprime aussy*.

Sur une garde en mauvais état on lit, d'une écriture du XVIᵉ siècle : *Claudius Hardy..... 1530*. Il est relié en maroquin rouge avec filets d'or sur le plat, et au centre se trouve l'écu de France. Il porte pour marque de la Bibliothèque nationale O-~~~~.

Les trois autres sont de l'édition la plus récente. La description de l'un d'eux suffira pour toutes ; l'historique de chacun viendra ensuite :

Petit in-4º gothique, dont les caractères sont moins beaux que ceux de la précédente édition, avec signatures de A jusqu'à U 2, comptant 78 feuillets non cotés. Finissant au verso du 78 f. par le quatrain que nous avons cité plus haut : *Che present livre...* , mais qui n'est pas précédé par la recommandation à ceux qui liront le livre, et qui est en tête de ce quatrain. Dans le quatrain ne se trouvent pas ces mots : *ung nome*.

Parlons d'abord de l'exemplaire de la Bibliothèque de Tournay, qui offre une particularité.

Il est beaucoup plus humble dans son vêtement que ses deux frères. Un simple parchemin le recouvre, mais cette robe légère est plus précieuse que celles en maroquin rehaussées d'or qui habillent les deux autres.

Au verso du premier feuillet en parchemin, qui sert de couverture et qui précède le titre, on lit ces quatre vers d'une écriture de l'époque de l'impression, mais altérée :

> Se tu veult vivre saigement
> Et de salut trouver la porte
> Cest point ensieux songneusement (*)
> Cest la chose dont je tenhorte (**).

Sur le recto de la première garde, la même main a écrit les trois couplets qui suivent :

> Sy au tamps present veult vivre en paix
> Plus que oncques te fault souffrir
> Dissimuler en dis et en fais
> Prens le tamps ainsy quil veut venir.
> De che que vois ne tesbahir
> En bon espoir te resconforte
> Laisse Dieu du tout convenir
> Cest la chose dont je tenhorte.
>
> Entans regarde et sy te tais
> Laisse leuwe (***) aval courir

(*) C'est de cacher ta vie. — (**) *Enhorte*, exciter, engager. — (***) *Leuwe*, l'eau.

b.

Suis les bons fuys les maluais
Il ne ten peult mal aduenir
Et pour plus grand peril fuyr
Tient ta langue ainsy comme morte
De nulluy disant desplaisir
Cest la chose dont je tenhorte.

Simplement te tiens desormais
Pour les mesdisans apaisier
Prens bien garde a che que tu fais
La fin quelle en poeult aduenir
Loiaulte voelle maintenir
La droite voie non pas la torte
Ainsy polras a Dieu venir
Cest la chose dont je tenhorte.

La seconde garde porte au recto la signature autographe du chanoine Jérome Van Winghe, qui fut un des principaux bienfaiteurs de la Bibliothèque du chapitre de la cathédrale de Tournay, Bibliothèque qui est devenue la propriété de la ville (*).

On voit au verso de cette garde une ligne et demie d'une écriture assez semblable à celle des couplets, mais presque effacée ; ces mots s'y lisent difficilement : *Pour bonauenture Brassart à Cambray*. On verra tout-à-l'heure pourquoi nous entrons dans ces menus détails, de peu d'intérêt, en apparence.

Sur les marges du livre se trouvent des notes manuscrites, des rectifications de noms de lieux et de faits peu importants, légèrement allégués ; mais entr'elles, il en est qui paraissent ne pouvoir avoir été écrites que par Jacques Le Saige lui-même. Ainsi celle du fol. 17 recto, en regard de la ligne 13 ; celle du fol. 68 recto, ligne 19, où on établit que le truchement Bertellemy se nommait *Renare*. Jacques seul a pu le savoir.

(*) Il était chanoine de Tournay en 1585 ; il mourut dans cette ville en 1637.

L'écriture des rectifications et des vers reproduits ci-dessus étant la même, ne pourrait-il pas arriver que ce fut celle de Jacques Lesaige, lequel aurait envoyé ce volume, avec rectifications, à son imprimeur Bonaventure Brassart. Si notre supposition ou présomption était admise, ce fait ajouterait beaucoup, aux yeux des amateurs, à la valeur de l'exemplaire de la Bibliothèque de Tournay ([*]).

Le second exemplaire, celui que nous connaissons le plus anciennement, appartient à M. Bigant, conseiller à la Cour d'appel de Douai; il provient de M. Guilmot, ancien bibliothécaire de la ville. Ce livre, lorsque M. Bigant en fit l'acquisition, était en mauvais état; il avait souffert de l'humidité et des attaques de rongeurs; l'heureux possesseur le fit restaurer avec soin et à grands frais; mais malheureusement on a effacé, alors, une annotation précieuse par les renseignements qu'elle contenait.

Au haut de la marge supérieure du titre était écrit d'une belle main du XVIe siècle, au sujet de l'auteur : *Sa maison estoit en la rue des Gisantes maintenant appartenant a le marie ou il y a une nostre dame avec cette devise* : LOÉ SOIT DIEU. JEN SUIS REVENU. *Avec le armes du patriarchat de Jerusalem d'un coste et de l'aue de Jerusalem. 1525.*

Cet exemplaire a été restauré par Simonin, et relié par Bouzonnet en maroquin rouge, avec de beaux filets sur le plat, et doré sur tranche.

([*]) M. Aimé Leroy, à la fin de l'article qu'il a publié sur ce livre, dans les *Archives du nord de la France et de la Belgique en 1839*, parle d'une lettre écrite de Cambray par Jacques Le Saige à sa femme, la veille de son retour à Douai. Si cette lettre *existait*, elle servirait de moyen pour constater si les vers et annotations sont de la main de Jacques Le Saige. Mais M. A. Leroy n'a pas dit où, quand, et en quelles mains il avait vu cette lettre, et nous sommes fondé à croire qu'elle est apocryphe. Plusieurs des expressions qu'elle renferme n'appartiennent d'ailleurs pas au vocabulaire du pèlerin de Douai.

Le troisième a été acheté, à un très haut prix, au libraire Techener par feu M. le comte de Guerne, et il est aujourd'hui la propriété de sa famille.

En tête du livre, on lit en écriture du XVII⁰ siècle : *Collegij soc^(is). Jesu cortracensis*. Après le titre, au milieu de la page : *Ad usum fris Johanis scorseure cortracens*. Enfin, au bas de cette page et aussi au milieu, d'une autre écriture de la même époque :

Dono,
Mich. d'Esne (*)
Ex. tor.
1614.

Ce volume a été relié et restauré avec beaucoup de soin et de luxe. Sa reliure est en maroquin vert, avec filets riches sur le plat, et dorure sur la tranche.

—

On a cru, on a écrit que la première édition connue de ce livre était plus complète que la seconde ; que l'auteur avait fait des changements et des suppressions dans celle-ci. D'abord, parce que la première comptait 107 feuillets et que la seconde n'en a que 78 ; ensuite parce que l'on avait lu, feuillet 72 (au verso) : « Et « pourtant ne voeul plus escrire des villes ne des mille, car on les « pora scavoir quy vora lire en ce livre cy devant.... « Mais cette phrase se retrouve au verso du feuillet 99 de la première édition. Il n'y a donc pas de doute que, par elle, Jacques ait voulu dire que, lors de l'aller, il avait déjà parlé de quelques-unes des villes qu'il allait traverser à son retour, et des milles qui les distançaient, *comme on peut s'en assurer ci-devant.*

Ce n'est point parce que l'auteur a fait des changements et des suppressions que la seconde édition ne comporte que 78 feuillets

---

(*) Michel d'Esne a été évêque de Tournay du 10 novembre 1597 au 1ᵉʳ octobre 1614. La bibliothèque des Jésuites de Courtray avait reçu beaucoup de marques de sa libéralité. (V. Paquot.)

au lieu de 107. Au contraire, comme on va le voir, il y a eu des additions dans la seconde. La cause de cette diminution dans le nombre des feuillets provient du caractère employé et de la composition. Dans la première édition, le caractère est plus fort, il *chasse* davantage. Dans cette édition, les lignes sont de trente-trois à la page, et les lignes, en moyenne de quarante-six lettres; dans la seconde, on trouve trente-cinq lignes à la page, et cinquante lettres en moyenne à la ligne. Ajoutons encore qu'on a fait dans la seconde un plus fréquent usage des abréviations. Ces faits, les bibliographes qui ont décrit ce livre avant nous n'ont pas été à même de les constater, n'ayant pas eu les deux éditions, en même temps, sous les yeux.

Il est impossible d'assigner une date précise à l'impression de la première ou de la seconde édition, ainsi qu'on a prétendu le faire, d'après ce passage du feuillet 78 (au verso) : « Aujourdhuy XIe de » juillet quinze cens vingt trois ayans acheves chedit livre, » car cette mention se trouve dans l'exemplaire de la première édition, possédé par M. de Godefroy.

En voyant, aux titres des deux éditions, ces expressions reproduites, *imprimé* NOUVELLEMENT, nous nous sommes demandé ce qu'elles signifiaient. Si Jacques eut voulu dire *récemment imprimé*, il était inutile qu'il employât ces termes dans la deuxième édition, puisqu'il y avait eu une édition antérieure ; nous avons cru devoir penser alors que l'écrivain avait voulu dire *imprimé de nouveau*. Ce que nous avions soupçonné est devenu depuis presque une certitude pour nous, lorsque nous avons lu au recto du feuillet 20 de ladite première édition ce même passage : « *Je voeulx escripre dung* » *beau miraicle lequel navoie point mis par escript a mon premier* » *livre....* »

Il y aurait donc eu un *premier livre ?*

Qu'en penseront les amateurs et bibliophiles sincères ? Ne pourrait-on pas, quelque jour, retrouver un exemplaire de ce premier livre, et quelle en serait alors la valeur ?

Au reste, ce passage est reproduit dans la deuxième édition, recto du feuillet 15e.

Nous terminerons cette notice en donnant, pour l'appréciation des deux éditions connues, et pour la justification des faits que nous avons avancés, le texte en regard des titres de ces deux éditions, et quelques lignes du 1er feuillet de chacune :

PREMIÈRE ÉDITION.	DEUXIÈME ÉDITION.
Chy sensuyvent les gistes repaistres et despens : que moy Jasques le Saige marchant de drapz de soye demourant a Douay ay faict. De Douay a Hierusalem Venise / Rhodes / Rome / nostre dame de le Lorete. Avec la description des lieux : portz : cités : villes : et aultres passaiges. Que moy Jasques Le Saige ay faict la mil chincq cens XVIIJ. Avec mon retour.	Chy sensuyvent les gistes repaistres et despens que moy Jacques Le Saige marchat demourant a Douay : ay faict de Douay a Rome nostre dame de Lorette, a Venise.. Et de la en la saincte cite de Hierusalem. Fleuve Jourdain et autres lieux. Jusquez au retour dudit Douay.
Imprime nouvellement a Cambray par Bonaveture Brassart. Au despens dudict Jacques.	Imprime nouvellement a Cambray : par Bonaventure Brassart demourant en la rue sainct Jehan empres la Magdalaine.. Au despens dudit Jacques.
Le XIXe jour de march an XV cens et XViii devant Pasques. Parti de Douay dot il y eult VI homes de bien qui macopaignerent iusqs a Vallenchesnes. Et trouasmes ceulx avec qui devoie alles : en une tauerne. Et moy qui desiroie a scavoir silz estoient prest me respondirent que ne poiesme partir jusq a deux iours aps oyant ce propos volu retourner a Douay. Car il me sabloit quy ne parferoient point	Le XIXe iour de march an XV ces XViii devat pasq pty de Douay dot il y eult VI homes de bien q macopaigneret jusq a Vallechesnes : et no *venus la* trouvasmes cheulx auecq lesqlz devoie aller en une taverne *aps les avoir saluet leur dit q iestoie prest de ptir*. Ilz me respodiret q ne poiesmes ptir jusq a II iours apres. Oyant ce propos volloie retourner a Douay : Car *ilz mavoiet euoyes le*

le voyayge come en aduint. Car ilz retournerent quant il eurent estes a Rome et a nostre dame de le Lorette, Et furet les deux Vendezie Jhan et Jacqz. Mais lautre copaghnon nomez Jhan du bos de Sognie en Haynault demoura auec moy : et fit le sainct voyaige en Hierusalem · et par tout les sais lieux come fleuve iordain : et autre. Mais au retour entre Salline en Cypre et le ville de Rode droictemet au gouffre de Satallie morut :

nuict devat ung messagier a tout ung cheval de louaige : et mauoit dict ledict messagier quil estoit venu de p eulx a mes despes et q se ne me trouvoie audit Vallechesnes en dedes midy q sen yroient sas moy : toutesfois ie leur avoie mandes iiii iours devat quil ny aroit poit de faulte. Et pour cause volloie retourner come dit est. Et me sabloit que ne pferoient point le voyaige come il en aduint : car il retournerent qnt il euret estes a Roe et a nre dame de le Lorette. Et furet les deux Vendezie Jeha et Jacq. Mais lautre copaghno nomes Jha du bos de Sognie en Haynault demoura avec moy : et fit le sait voyaige en Hierusalem : et *tout* p tout les sais lieux come fleuve iourdain : et aultres : Mais au retour entre Salline en Cipre et le ville de Rodhe droictemet au gouffre de Satallie morut.

L'extrême rareté de ce livre, l'intérêt qu'il offre aux habitans de nos contrées et aux bibliophiles avaient inspiré à mon honorable prédécesseur, M. Guilmot, et à moi la pensée d'en donner une nouvelle édition. J'avais commencé ce travail en 1834, M. Guilmot mourut dans l'année. J'ajournai le projet ; cependant, sollicité de le mener à fin par des littérateurs et des bibliographes distingués, je me remis à l'œuvre, et je viens aujourd'hui le livrer aux amateurs. Puisse-t-il être favorablement accueilli, et avec l'indulgence qu'ont semblé me promettre les souscriptions qui m'ont mis à même de le publier.

Je donne le texte dans toute sa pureté naïve; seulement, j'ai mis une ponctuation, j'ai supprimé les abréviations, mis en toutes lettres partie des chiffres romains, remplacé généralement les *v* par des *u*, etc.

J'ai cru utile de faire précéder le texte, d'une notice sur Jérusalem et les pélerinages, de le faire suivre d'une rectification des noms de lieux et de personnes, d'un glossaire à l'usage de cette relation, enfin de notes et éclaircissements sur certains faits ou passages, qui m'ont paru indispensables.

Je ne pourrais, sans manquer aux bienséances, ne pas témoigner ma vive gratitude aux bienheureux possesseurs des exemplaires de cette curieuse relation, pour la manière gracieuse avec laquelle ils m'ont mis à même de comparer les divers exemplaires. J'en exprime ici toute ma reconnaissance à

MM. les Administrateurs de la Bibliothèque nationale de Paris ;

les Bourgmestre et membres de la régence de Tournay ;

Bigant, conseiller à la cour d'appel de Douai ;

de Godefroy de Menil-Glaize, de Paris.

de Guerne, conseiller à la cour d'appel de Douai, et à sa famille.

H.-R. D.

JERUSALEM

ET

LES PÈLERINAGES.

JÉRUSALEM

ET LES PÈLERINAGES.

Une grande obscurité couvre les premiers temps de Jérusalem. Sa fondation a été attribuée à Melchisedech, roi et prêtre à la fois. Cette ville était de la tribu de Benjamin, quoique considérée comme si elle eut appartenu à celle de Juda. Sa population paraît avoir été considérable, car on assure qu'au temps de David et de Salomon elle renfermait trente-six mille familles sacerdotales. Jérusalem fut prise par Josué, en 2584 du monde et 1451 ans avant Jésus-Christ ; elle le fut par David l'an 1047. Sésostris, roi d'Egypte, s'en empara et la pilla sous le règne de Roboam, l'an 971.

Elle fut de nouveau et successivement prise par Joas, roi d'Israël, sous le règne d'Amasias, roi de Juda ; par les Assyriens, du temps de Manassès ; et par Nabuchodonosor, roi de Babylone, sous le règne de Jéchonias. Ce roi babylonien y laissa Sédécias, qu'il en établit souverain ; mais depuis il y revint avec une armée considérable, et après un siège assez long, il l'emporta encore. Plus tard, les Babyloniens se rendirent entièrement les maîtres de la ville, mirent tout à feu et à sang, et commirent tous les excès qui appartenaient à des barbares. Nabuzardan fit mettre le feu au palais du roi, au temple et aux autres édifices importants, et en fit démolir les murailles ; cette ville fut alors entièrement ruinée. Soixante-dix ans après, Cyrus renvoya les Juifs captifs dans la Judée, où ils rebâtirent, sous Zorobabel et Esdras, Jérusalem et le temple. Cette ville fut encore reprise et pillée par Anthiocus Epiphanus, l'an 168 avant Jésus-Christ. Peu de temps après, Judas Maccabée la recouvra. D'autres princes de la Syrie s'efforcèrent de la soumettre, mais inutilement. Pompée, irrité contre les Juifs, souffrit que ses soldats y commissent d'extrêmes désordres en l'an 64 avant Jésus-Christ. Hérode l'Ascalonite l'ayant prise d'assaut, en l'an 37 avant l'ère chrétienne, y fit de grands ravages.

Mais l'événement le plus terrible que cette ville si justement célèbre éprouva, fut celui qu'avait prédit Jésus-Christ lorsqu'on le conduisait à la mort. Titus assiégea Jérusalem, au temps de la solennité de Pâques, à laquelle était accourue une grande masse de peuples divers de tous les points de la Judée. Après quatre mois de siége et de combats, il s'empara du saint temple ; c'était un samedi, le 4ᵉ jour d'août. Avant ce coup de main, les vivres avaient fait tellement faute dans la cité, qu'après avoir recouru aux plus dégoûtants aliments, la chair humaine avait été employée à satisfaire la faim des assiégés. Une mère avait tué son enfant encore à la mamelle pour prolonger ses tristes jours. Le temple fut entièrement brûlé. Titus abandonna la ville au pillage de ses soldats, et la livra aux flammes, autorisant toutes les horreurs d'un semblable état. La plus haute partie, nommée la forteresse de Sion, pouvait se défendre longtemps ; cependant, le 8 septembre, Titus s'en rendit maître. La ville fut entièrement dévorée par les flammes, et la prédiction de Jésus-Christ qu'on n'y laisserait pas *pierre sur pierre* s'accomplit. En 132 de l'ère chrétienne, l'empereur Adrien commença à faire rebâtir Jérusalem, mais il ne voulut pas que les Juifs y rentrassent. Il donna à cette ville le nom d'*Aelia capitolina*, et lui rendit ses faux dieux, en rétablissant quelques-uns de leurs temples.

L'empereur Constantin-le-Grand repeupla Jérusalem et l'embellit de divers saints édifices. On dit que ce fut alors que le mont Calvaire fut enfermé dans la ville. Sous l'empereur Héraclius, Jérusalem fut emportée par Chosroès II, roi de Perse, l'an 614. Toute la Terre sainte et sa capitale passèrent à peu d'années de là sous la domination des Sarrazins. Les croisés, sous la conduite de Godefroy de Bouillon, s'en rendirent maitres en 1099. Alors fut créé le royaume de Jérusalem, dont tous les rois furent des princes français ; leur puissance ne dura que 88 ans. En 1187, Saladin s'empara de Jérusalem et de toute la Terre sainte, excepté de Saint-Jean-d'Acre ou Ptolémaïde, que les Croisés conservèrent jusqu'en 1291. Cette ville fut prise alors, et tous les chrétiens qui s'y trouvaient, à l'exception du petit nombre qui put se sauver sur les vaisseaux, furent massacrés. Jérusalem resta sous la puissance des Califes (*), ou princes d'Egypte, jusqu'en 1517. Selim Ier, empereur des Turcs, s'en empara alors, et la Porte en a depuis conservé la possession. Cette possession a été troublée en 1798-99, lors de notre expédition en Egypte et en Syrie; toutefois la souveraineté de Jérusalem et des lieux saints est toujours restée au Grand-Turc.

Remontons maintenant à l'origine des pèlerinages et traçons-en rapidement l'historique.

Titus avait été l'exécuteur de la vengeance céleste, les prophéties étaient accomplies, il ne restait plus de Jérusalem *pierre sur pierre;* mais il y avait là, dans le roc, le tombeau vide d'un Dieu, une montagne sur laquelle le sang de Jésus-Christ avait coulé ! N'était-ce point assez pour que la Judée devînt, pour tous les chrétiens, la terre la plus sainte de l'univers ?

Le plus ancien pèlerinage dont l'histoire fasse mention est celui que fit sainte Hélène, mère de l'empereur Constantin. Elle fit

---

(*) *Kalife, successeur* en arabe. Vicaire spirituel et temporel de Mahomet, et qui jouit d'une autorité absolue.

creuser la terre sous ses yeux, fouiller les grottes qui entourent le Golgotha, et retrouva le bois de la vraie croix ; on le plaça dans la nouvelle basilique. La vénération pour les lieux saints s'accrut alors immensément, et les pèlerins s'y portèrent en foule. On entendait, dit saint Jérôme, autour du saint tombeau, célébrer dans toutes sortes de langues les louanges du Fils de Dieu. Dans le IV° siècle, les pèlerinages se multipliaient à l'infini, et ils n'avaient pas toujours un but unique de piété. Saint Grégoire de Nysse s'éleva avec beaucoup d'éloquence contre les voyages à Jérusalem, prétendant que *l'on pouvait louer le Seigneur en quelque lieu que l'on fut, si on lui préparait un tabernacle digne de lui.* Mais les conseils des évêques et des docteurs ne purent rien contre l'entrainement de la multitude. « Du fond de la Gaule, des forêts de la Germanie, de
» toutes les contrées de l'Europe, dit M. Michaud, dans son *Histoire des Croisades,* on voyait accourir de nouveaux chrétiens qui
» venaient visiter le berceau de la foi qu'ils avaient embrassée. Un
» itinéraire à l'usage des pèlerins leur servait de guide depuis les
» bords de la Dordogne et du Rhône jusqu'aux rives du Jourdain,
» et les conduisait à leur retour depuis Jérusalem jusqu'aux prin-
» cipales villes d'Italie (*).

Dans les siècles suivants, les pèlerinages à la Terre sainte ne furent point interrompus par les invasions des Goths, des Huns et des Vandales. Le pauvre pèlerin, portant sa panetière et son bourdon, traversait sans crainte les champs de carnage, soutenu seulement par sa foi.

Quelquefois le pèlerinage était entrepris comme un acte simple de piété, autre fois comme l'accomplissement d'un vœu fait en présence d'un grand malheur, ou comme témoignage de gratitude pour un bienfait reçu du Ciel ; encore, mais plus rarement, en ex-

---

(*) Itcrinarium a Burdigala Hierusalem usque....

piation de quelque faute grave ou de quelque crime, car *il n'était point de crime qui ne pût être expié* par le voyage de Jérusalem et par des actes de dévotions autour du tombeau de Jésus-Christ.

Dans les premiers siècles des pèlerinages, selon Ducange, Muratori et Michaud, quand le pèlerin voulait aller à la Terre sainte, il devait obtenir le consentement de ses proches et la permission de son évêque ; on s'enquérait de sa vie et de ses mœurs, on examinait si un vain désir de voir les contrées éloignées ne l'entraînait pas vers les lieux saints. Cette enquête était plus rigoureuse lorsqu'il s'agissait d'un religieux ; on voulait éviter que le pèlerinage ne fût un prétexte pour rentrer dans la vie du monde. Quand toutes ces informations avaient été prises, le pèlerin recevait de la main de l'évêque, à la messe paroissiale, le bourdon, la panetière et la bénédiction ; une sorte de passeport adressé à tous les monastères, aux prêtres, aux fidèles, leur recommandait le pèlerin, qui devait partir sans retard, sous peine d'être traité comme relaps et parjure devant Dieu ; l'évêque seul qui avait lié pouvait délier dans des cas rares et d'une extrême gravité. Au jour indiqué pour le départ, les parents, les amis, les âmes pieuses, accompagnaient le pèlerin à une certaine distance de la ville ; là, il recevait la bénédiction et se mettait en marche. Durant sa route, le pèlerin était exempt de tout péage ; il trouvait l'hospitalité dans les châteaux sur sa route, et c'était une sorte de félonie de la lui refuser ; il devait être traité comme le chapelain et manger à sa table, à moins que par humilité il n'aimât mieux l'isolement et la retraite. Dans les villes, il s'adressait à l'évêque, qui l'accueillait, et dans les couvents, au prieur ou à l'abbé. On lit dans les *Devoirs des Chevaliers*, l'obligation, pour tous les hommes qui portaient les armes, de défendre le pèlerin, assimilé aux enfants et aux veuves ; s'il tombait malade, les hospices lui étaient ouverts, ainsi que l'infirmerie des monastères ; on prenait soin de lui comme d'un être privilégié. Lorsque les pèlerins s'embarquaient, le prix de leur passage était extrêmement modique, et les statuts de certaines villes, telles que Marseille, par exemple, les dispensaient de toute rétribution quand ils s'embarquaient sur les navires de la cité. Il en était de même à leur retour. Arrivés à leur ville natale, on les recevait processionnellement ; ils déposaient sur l'autel de la paroisse la palme de Jéricho : *Palmas testes perigrationis suæ a Jericho tulerat altari superponi rogavit* ([*]).

Toutes les classes de la société fournissaient des pèlerins : princes, prélats, chevaliers, prêtres, nobles et vilains. L'espoir de se sanctifier par le pèlerinage était général, et on jugera de l'universalité de ce sentiment par ces seuls faits. En 1054, Lutbert, 31° évêque de Cambrai, partit pour la Terre sainte, suivi de plus de trois mille pèlerins des provinces de Picardie et de Flandre. Sept mille chrétiens, parmi lesquels on comptait l'archevêque de Mayence, les évêques de Ratisbone, de Bamberg, d'Utrecht partirent ensemble, sept ans plus tard, des bords du Rhin pour se rendre dans la Palestine. Cela annonçait bien les croisades. Enfin, Pierre l'Hermite vint prêcher cette nouvelle sorte de pèlerinages, car les croisades ne furent que des pèlerinages armés. Il n'entre point dans notre cadre de parler de ces grands événements. Lorsqu'ils eurent pris fin, les pèlerinages aux lieux saints n'en continuèrent pas moins. Quand les Syriens eurent repris Jérusalem sur les Croisés, ils rachetèrent pour une somme considérable l'église du Saint-Sépulcre, et malgré les dangers de l'entreprise, les pèlerins continuèrent à visiter la Palestine. Nous en avons la preuve par les relations de ces pèlerinages qui nous sont restées, depuis le XIV° siècle jusqu'au XVIII°.

L'ardeur était encore telle dans le XVII° siècle qu'une seule confrérie de Lille, celle de Saint-Sépulcre, eut quatre-vingt-quatre de

([*]) A l'époque où Jacques entreprit son voyage, la plupart de ces coutumes étaient tombées en désuétude.

ses membres qui firent le saint voyage dans l'espace de soixante-quatre ans (*).

Entre les pèlerins qui ont accompli cette pérégrination et en ont donné la relation, le plus illustre et le dernier, c'est l'auteur du *Génie du Christianisme* et des *Martyrs*, M. de Châteaubriant !

H.-R. D.

(*) Nous avons trouvé la liste des noms de ces pèlerins dans un manuscrit, dont nous avons dû la communication à l'obligeance de M. Dancoisne, notaire à Hénin-Liétard. C'est la relation inédite d'un voyage à Jérusalem, fait en 1612, par Jacques Fauquemberg, chapelain de l'église collégiale de Saint-Pierre de Lille.

(Ce manuscrit est un petit in-4° de 142 feuillets d'une bonne écriture du XVIIe siècle ; il est orné de dessins coloriés, et relié en veau.

Chy sensuyvent

les gistes repaistres et despens que moy Jacques Le saige marchant demourant a Douay: Ay faict de Douay a Rome Nostre dame de Lorette. A Venise... Et de la en la Saincte Cité de Hierusalem. Fleuve Jourdain et autres lieux. Jusquez au retour dudit Douay.

Imprime Nouvellement a Cambray.. Par Bonaventure Brassart Demourant en la Rue Sainct Jehan Empres la Maydalaine.·. Au despens dudit Jacques.·.

E dix neuvième jour de march quinze cens dix-huit devant Pasques, party de Douay, dont il y eult six hommes de bien qui m'accompaignerent jusque-a Vallenschesnes, et nous venus la trouvasmes cheulx avec lesquels devoie aller, en une taverne. Après les avoir saluet leur dit que j'estoie prest de partir. Ils me respondirent que ne poiesmes partir jusqu'à deux jours après. Oyant ce propos volloie retourner à Douay. Car ils m'avoient envoyés le nuict devant ung messagier a tout un cheval de louaige et m'avoit dict ledict messagier qu'il estoit venu de par eulx a mes despens, et que se ne me trouvoye audit Vallenchesnes en dedens midy que sen yroient sans moy. Toutes fois je leur avoie mandés quatre jours devant que n'y aroit point de faulte; et pour cause volloie retourner comme dict est. Et me sambloit que ne parferoient point le voyaige comme il en advint, car ils retournerent quand ils eurent estés à Rome et à Nostre Dame de Lorette, et furent les deux Vendezie, Jehan et Jacques ; mais l'aultre compaghnon nommés Jehan du bos de Songnie en Haynault demoura avec moy, et fit le sainct voyaige en Hierusalem et tout partout les saincts lieux, comme fleuve Jourdain, et aultres. Mais au retour entre Sallin en Cipre et la ville de Rodhe droictement au gouffre de Satallie morut, et deux aultres hommes de bien que se estoient accompaigniés a Venise avec moy, furent rués en le mer tous trois : Dieu leur pardoint. Encore ung aultre homme de bien de nostre compaignie demoura fort malade a Rodhe à lhopital des Chevaliers ; ainssy demouroy tout seul, et se mestoye party bien deux mois trop tost, cuidant avoir bonne compagnie et en pris argent a pension, ad cause que jestoye sy hastés. Car je ne eusse sceu vendre mes draps de soye sy soubit, sans plus perdre. Et pourtant dict on bien vray : toute compagnie ne sont pas bonne.

Je conseilleroie à ceux qui voroient aller audit sainct voyaige de partir au prisme le huit en may ou quinze jours, car qui vorra lire on verra combien je targeay a Venise et ailleurs. Et pour abréger les gens de bien qui m'avoient compagniés comme devant dict est, c'est à scavoir ceulx de Douay me prierent que fusse content d'attendre deux jours et qu'ils demoureroient en Vallenschesnes a leurs despens, tant qu'ils nous verroient partir. Sy dispendis en esdis deux jours parmy mon cheval 39 gros.

Messeurs prenés couraige de lire et vous arés du passe tamps.

Le lundy vingt un de march quinze cens dix huit, devant Pasques partismes de Vallenchesnes nous chincq pellerins; les deux Vendezie avoient ung serviteur pour eulx deux et Jehan du bos et moy. Dont il y eult plusieurs gens de bien qui nous accompagnièrent jusqua Cambray. Nous mismes sept heures à aller, et se faisoit beau chevauchier, et adoncq me percheus bien que ne men loroie point, et priay a nostre hoste de Cambray quil leur conseillast de aller lendemain le petit trot ce qu'il fit; je despendis le vesprée 13 gros.

Le mardy vingt deux de march partismes de Cambray et allames disner a Rozee et y a six grandes lieues et est le logys assez pietre et y despendis 8 gros.

De Rozee a Hen six petites lieues et fu bien logé au Mouton; et fusmes jouer et veoir une église de Saint Pierre ou je veis ung sépulcre de costés le cœur; ce le plus beau que navoie jamais veu et après vinsmes souper et despendis 9 gros.

De Hen à Noyon chincq petites lieues; et vinsmes la au disner vingt trois de march, dont allasmes veoir l'eglise Nostre Dame. On nous dict que le corps Sainct Eloy y estoit, et visme se fierte; mais le vray pélerinage se faict hors la ville à l'eglise dudit Sainct Eloy.

Erreur d'imposition

PAGE (S) 3 et 7.

On nous montra son englume, son marteau, de quoy il forgeoit ; Je vis une croix qu'il avoit forget, et veis lung de ses sorlers, se mittre, ses gans, et aussi le chief de son père, et pluseurs aultres dignités. Et je vis en es cloistre un dieu piteux et dévot a regarder. Après nous vinsmes disner et despendis 10 gros.

De Noyon au Bac a quatre lieues grandes et fault passer ung aultre bac devant cestuy, dont on trouve largement bois. Nous demourasmes au gite au Mouton, bon logy et despendis 12 gros.

De Bac a Verberie chincq lieues et passe largement bos. Nous dinasme la le vingt quatre de march et despendis 6 gros.

De Verberie a Senlis a quatre lieues et veismes au partir dudit Verberie les Tumereaux. Ce sont valtons de toute sorte qui sont sur une haulte montaigne et tumment pour argent et font le possible. Nous demourasmes au giste à Senlis cedit jour et despendis
7 gros.

De Senlis au Louvre en parisis, quatre lieues et fault passer beaucoup de bois, nous demourasmes au disner audit Louvre et despendis 8 gros.

De Louvre a Paris a six lieues nous vinsme la au gist le vingt chinq de march et demourasmes audit Paris jusqu'a lendemain, après disner à cause de veoir la ville et despendis 16 gros.

De Paris a Corbel a sept lieues. C'est une petite ville. Nous demourasmes au gist le vingt six de march en ladite ville. La rivière de Saine y passe à travers. Il y a une église ou il y a deux corps saincts le corps Sainct Pire et une partie de Sainct Leu et despendis ladite vespre 13 gros.

De Corbel a Milly a six lieues, et y a tant de pierres de grès de long le chemin que c'est merveille à les regarder, et demourasmes la au disner et despendis 8 gros.

De Milly à Vertau a chincq lieues, et est un meschant villaige, mais il y a beau plat païs de labeur. Nous vinsmes le vingt sept de march la au gist et y fusmes très bien traictiés et despendis

12 gros.

De Vertau à Montargie bonne ville à sept lieues, il y a un chasteau. Nous demourasmes la au disner. En lestable ou mengerent nos chevaulx, le mengeoire avoit quarante pieds de long tout d'une pieche de quesne, aussy grosse a ung debout que à l'aultre ; et avoit bien de largeur treize pauch et de hauteur quinze pauch. Nous fusmes en le grande église qui est en l'honneur de la Magdelaine et le faict on plus grande treize dertre et despendis 8 gros.

De Montargie à Noyan bonne bourgade a quatre lieues et largement bos alentour. Nous demourasmes la au gist audit Noyan le vingt huit de march et despendis 12 gros.

De Noyan à Briare à cinq lieues et est ung bon villaige et passe deprès la rivière de Lerre, et de la a Bonny a deux grosses lieues. Nous demourasmes la au disner ; c'est une petite villette ou il y a force vignobles alentour. Le rivière de Lerre passe auprès ; il y a une église en l'honneur de Sainct Pierre et sont moines noirs. Et a esté dédiée ladite église de sainct Calixte pape de Rome, audit disner despendis 8 gros.

De Bonny à Conne à chincq lieues et est une petite villette, la rivière de Lerre passe auprès. Nous demourasme au gist le vingt neuvième de march dont despendis 12 gros.

De Conne à la Charité à sept lieues c'est une petite ville, ou il y a une église de Nostre Dame laquelle est le plus gente que je n'avoie jamais veu. Il samble qu'il ny ayt que deux ans quelle soit faicte, et se troeuve on qu'il y a quatre cens neuf ans quelle fut dédiée de sainct Calixte pape de Rome, et sont moisnes noirs lesquels vollurent et requerurent de porter leur chappe de soie ; mais il fut ordonnés d'un saige homme en plain parlement pour rabaisser leur orgueil qu'ils porteroient leur chape faite de soie de queue de cheval, et leur en ay veu porter ; dont est bien estraingne chose à veoir. Nous demourasmes au disner audit Charité, le trente de march et despendis   8 gros.

De la Charité à Nevers a chincq lieues c'est une bonne ville. Il y a une belle église en l'honneur de sainct Sire. Il y aussy belle vignoble à l'entour de ladite ville et se passe la rivière de Lerre auprès. Nous demourasmes au gist audit Nevers et despendis
                                                                12 gros.

De Nevers à Sainct Pierre le Moutier petite villette à cinq grandes lieues. Nous demourasmes la au disner ; nous fusmes bien mouliés et mal traictiés, à cause du grant maistre de Franche qui debvoit la venir. Nous fusmes bien heureux de trouver estable pour nos chevaulx et les falloit garder lung après laultre. Je fus veoir l'église ; mais il y avoit tout plain de bénitoire en l'atre ; et a chacun une petite esperge ; je crois que c'est pour ruer sur les tombeaux. Au disner despendis   8 gros.

De Sainct Pierre le Moutier à Mollin a sept lieues, c'est une bonne ville ou il y a des beaux fourbours plains de beaux logis. Nous demourasmes la au giste le trente un de march les chevaulx des deux Vendezie ne pooient plus aller et leur avoit falu entorquier les jambes plus de dix lieues devant ; et le cheval de Jehan de Vendezie que valloit bien au partir de nostre païs quatre livres de gros fut barte a ung grisonnet plus petit la moitié ; ce fut bien emploiet, car il ne volloit aller le plus part que le pas, et quant veoie ce alloit toujours devant faire apointier le disner ou souper, quant trouvoit autre compagnie ; et pour cela avoit mon cheval bien repeu, et y guaignay comme cy après ores. Nous demourasmes audit Mollin jusques lendemain après disner, ad cause de le barterie et y despendis disner et souper   20 gros.

De Mollin à Varenne a six lieues, c'est une petite ville il y a bon logy au fourbours. Nous demourasmes au gist le premier jour de apvril et despendis   12 gros.

De Varenne à Lapalisse à quatre grandes lieues. C'est une petite ville layde et orde. Il y a ung petit chasteau. Nous dinasmes la et y despendis   8 gros.

De Lapalisse à St. Germain bon villaige à six grandes lieues, et y a au chemin des terribles pierres, nous demourasmes la au gist le deux d'apvril et despendis   12 gros.

De St Germain à Rouane deux lieues. C'est une ville bien fermée bien layde. Et de la Sainct Safourin a trois grande lieue mais il faut passer un bac auprès de Rouanne, et après de malvais chemins et monts et vallées terribles. Nous demourasmes au disner audit Sainct Safourin bonne bourgade et fusmes bien traictiés et despendis   8 gros.

De Saint Safourin à Terrare trois grandes lieues et toutes montaignes et toutes vallées, et terrible chemin et malvay. Nous demourasmes au gist audit Terrare le trois d'apvril et despendis
                    12 gros.

De Terrare à Labrelle a trois grandes lieues ; c'est une belle petite ville. Nous disnasmes et despendis   8 gros.

De Labrelle a Lion a trois grandes lieues ; c'est une forte ville et marchande et passe parmy la rivière de Sonne et le Ronne, dont sur ladite Sonne a une petite place ou il y a une église nommée Nostre Dame de Lisle, et est la le corps Saincte Anne. Le maistresse église de Lion est en l'honneur de Sainct Batiste, et y est son menton. Se ay esté en une aultre église ou le corps de Sainct Photin et est le corps de Sainct Neissier. Nous demourasmes au gist audit Lion et fismes referrés nos chevaulx et puis partisme lendemain après disner et y despendis   20 gros.

Commencement du Dauffinet.

De Lyon a Laverpillière a cincq grandes lieues, le pays est onny, ce est une petite ville bien meschante. Nous demourasmes là au gist le cinq d'apvril et despendis   13 gros.

De Laverpillière a Bourgoin a deux grandes lieues et est une petite ville ; et de la à la Tour du Pin a deux grandes lieues, c'est aussy une petite ville y a un chasteau bien hault assis sur une montaigne. Nous demourasme là pour disner ; mais nous veismes merveille, car on amena un malfaicteur du chasteau pour le faire morir. Dieu lui pardoint ses desfaultes. Je fus bien esbahis du recoeuil que luy fit le bourreau. Car quant il vint de près le malfaicteur il se mit à genoulx et luy pria merchy, et aussy fit le povre homme et le baisa ledit bourreau, et luy dit mon frère prenès en pacience, car Dieu ta apareilliés un beau bancquet avec les sainots angeles du paradis. Et disoit encoire tant de belles choses que c'estoit merveille. Je cuydoie que fut ung prescheur. Je ne le pooie veoir pour le presse ; mais je boutay tant que le percheu a mon ayse. Il estoit acoustrés comme ung bourgeois on l'avoit admené de Grenoble. Car il n'y a que sept lieues de la. Après ces choses veue, veinsmes pour disner. Et ainssi que entray en le cuisine, pour scavoir se nostre disner estoit prest, trouvay l'hostesse que se baignoit dedens une cuve baignoire engourdinée ; et y avoit tout plain de houpeaus autour d'elle. Je fus tout esbahis. Car on le veoit nue sans nul affuloir jusqu'au ventre, et avait devant elle une petite table, ou elle sortissoit les plats pour ses hostes. Il nous fut dit que durant la gésine d'une femme on les veoit tous les jours baignant nue, et les voisins viennent souvent faire le bancquet de près leditte gizante. Jen fus tout honteux, et vuiday soubit de ladite cuisine, et m'en allay disner. Je le comptay a mes compaghnons il l'avoient veu une heure devant, et y despendis 8 gros.

De Latour du Pin au pont Biau Voisin a trois grandes lieues et elles vallent bien six lieues de nous. C'est une petite ville et passe parmy la rivière de Guies que de faict le deseuvre de Dofinet et de Savoie. Nous demourasmes la au gist le 6 dapvril et despendis
6 gros.

Commenchement de Savoie.

Du Pont de Biauvoizin au pied de la montaigne de Lesclebellette a deux lieues que vallent plus de trois lieues ; car c'est ung chemin ou les chevaulx ont bien de paine, car ce sont tous caillaux et roches; et s'y a de cotés en bas un torrent que bruyt de le force de l'eau que descendt de ladite montaige ; on est tout estonés et est terrible chose à regarder. Nous repumes ung petit au pied de la montaigne et despendis 5 gros.

Du pied de la montaigne a Chanbery a deux grandes lieues, le montaygne est sy rayde si haulte et si malvaise a le monter, et a le desvaler que nous y mimes cinq heures et se passames les mulles que alloient bon pas. Nous demourasmes au gist audit Chanbery le sept d'apvril. C'est une bonne ville et marchande ; il y a une église au chasteau, ou le Sainct Suaire de nostre Saulveur repose ; et le montre on le jour du bon vendredy, et aussy le quatre de may. Il nous fut dit en soupant que deux jours devant le duc de Savoie avoie boutés dedens Genève dix huit mille hommes pour se venger d'aulcuns bourgeois. Ce dit vespre audit Chanbery despendis   12 gros.

De Chanbery a Monmeillan a deux grandes lieues. C'est une petite ville ou il y a un fort chasteau assis sur une roche bien haulte. Nous aviesmes trouvés beau chemin, et tant de vignoble que c'est belle chose. On nous dict qu'il y avoit bon vin. Se demourasmes au disner audit Monmellian, mais c'estoit le possible du vin et despendis   8 gros.

De Monmeillan à Ecquebelle bonne bourgade a trois grandes lieues. On va toujours de long une petite rivière; etest l'eaue noire. On passe des près largement, et y a du malvais chemin. De Ecquebelle à Argentine a une lieue. Nous demourasmes la au gist, et fusmes bien traictiés et fut le huit de apvril et despendis

12 gros.

De Argentine a La Chambre a trois grandes lieues. C'est une bonne bourgade, et y a ung couvent de Cordeliers ; ce sont montaignes a ung les, et à l'aultre de ladite bourgade. Et se aviesmes trouvés pénible chemin pour les chevaulx, pleins de pierres et plusieurs eaues a passer venant des montaignes. Nous demourasmes au disner audit La Chambre et despendis   8 gros.

De La Chambre à Sainct Jehan de Moriane a deux grandes lieues et pénible chemin aussy plain de pierre. Ledict Sainct Jehan de Moriane est une petite ville assez peuplée. Et y a en le maistresse église deux dois de Monseur Sainct Jehan Baptiste, et sont ceux de quoy il enseigna les *Agnus*. Ce sont tous prés alentour de le ville. On ny boit point bon vin. De la a Sainct Michel a deux grandes lieues. C'est bonne ville bonne bourgade ; mais nous fumes mal traictiés et cherement au souper, que estoit le neuvième dapvril, car je despendis   14 gros.

De Sainct Michel a Saint Andry a deux grandes lieues, et de la au Bourgiet deux grandes lieues et pénible chemin, mons et vallées; et tousjours neiges a ung costés, et à l'aultre ; se nous fallu passer plusieurs eaues. Nous demourasmes au disner audit Bourgiet qui est un villaige et portent les femmes de la entour rouges chaperons et y despendis.   10 gros.

De Bourgiet a Tresmignon a trois grandes lieues, et tel chemin que devant. Et la nous vint tout plain de compaghnons qui estoient de Lainebourg qui est au piet du Mont de Senis et a une grande lieue de Tresmignon. Lesdis compaghnons estoient venus pour livrer ung mulet ou quelque jument pour monter ledit mont. Car il dure bien chincq lieues; et nous couta à chacun pour monter seullement une lieue quatre gros. Nous vinsmes à Lainebourg au gist le dixieme d'apvril et fusmes mal traictiés et despendis   16 gros.

Mais ce n'est environ que 13 gros de nostre monnoie, car l'argent est plus hault.

De Lainebourg qui est au piet du Mont de Senis jusques en hault a une lieue, et faisoit bien pilleux monter à cause des neiges. Toutesfois javoie une bonne jument et forte, avec ung fort homme que me tenoit par la robe de paour que me jument ne tombast. Il meust tiré au les den haut, sans cela je eusse eu bien peur. Car je alloie sur une petite crete dont de costés faisoit plus bas trois fois que le beffroy de Douay nest hault : ad ce qu'il me sembloit. Moy venu sur ladite montaigne que faict une lieue trouvasmes une maison, et la descendy de ladite jument et allay a pied, se menay mon cheval de peur quy n'allast en quelque abisme. Nous trouvasmes des mulles chergiés, lesquelles nous firent grant mal à tenir nos chevaulx de costés, car le chemin n'a environ que trois pieds. Dont les neiges y sont et la ou lesdis mulles passent faict dure, mais de cotés ung cheval ne sen set rayoir. Il y eult deux des chevaulx de mes compaghnons qui se demarcherent ung petit trop, ad cause qu'ils hurtèrent contre auscuns fardeaux desdits mulles. Mais je pensoie qu'ils y demoureroient ; nul ne set que c'est sil ne le veoit pour tels tamps. Toutes fois il estoit le onze 'dapvril et sestoit le saison assez belle en plain pays, car nous eusmes bien chaust lendemain. Pour abreger a dire le fachon du païs il y a environ deux lieues de plain païs en hault, ou il y a deux chappelles. L'une est appelée la Chapelle des Transsis, ad cause qu'il y en meurt tant en yver. Et quand ils sont trouvés mors on les rue par une fenestre dedens ladite chapelle. C'est le fosse qu'ils ont. Et en tamps d'esté on y dit messe a toutes les deux, les dimenches et festes pour les gens quy se vient la tenir en laditte saison ; et y amainent plusieurs bestes, comme vaches, brebis et font la grosse amasse de burre et de fromaiges. Il y a sur ladite plaine de cotés le chemin, ung lacque que contient environ trois lieues de tour… Et y solloit avoir tant de poissons que c'estoit merveille. Et estoit commun pour cheulx de decha le montaigne et pour ceulx de dela ; mais par envie sy fit grosse tuyson de gens que fut reporté au pape, adoncq ledit Saint Père mauldit ledit lacq. Et oncques depuis n'y eult poissons. Ung petit oultre ledit lacq on commenche a deschendre et troeuve on ung bon villaige, nommés la Ferrièrre, et de la commenche on a deschendre bien royde et est merveilleuse chose à regarder en bas, et dure une lieue et sont pierres et roches. Il semble qu'on se voise perdre. Quant nous eusmes tous deschendu trouvasmes ung villaige, nommés Nouvelleaize. Nous demourasmes la au disner, car nous aviesmes mis six heures à passer la montaygne, car elle contient chincq lieues. Nous fusmes bien traictiés et y despendis

8 gros.

Commenchement de Piémont
qui est au duc de Savoie et est un bon païs.

De Nouvelleaize a Suze a une lieue et est une bonne ville en plain païs entre deux montaygnes bien séant. Car il y a alentours prairies et vignobles sur le pendant desdites montaygnes. On commenche la compter par mille, car on compte de la a Sainct Joris six mille ne sont qu'environ deux bonnes lieues. C'est une bonne bourgade ou il y a ung petit chasteau. Nous demourasmes la au gist cedit onze dapvril et fusmes très bien traictiés au blanc lion. Car nous eusmes brochés de deux sortes, carpes, raies et des limechons refry et bon vin et despendis   13 gros.

De Sainct Joris a Rivolle à treize mille; c'est une bonne ville, et se y a des beaux logis, et y a ung couvent de Sainct Dominique, ou il a tout plain d'ouvraige de chire lesquels sont pendus autour du cœur de l'église, et croy qu'il y a un gros pèlérinage. Nous y cuidasmes ouyre messe, mais estoit trop tard; et nous dirent les religieux qu'il estoit plus de seize heures. Dont demanday que c'estoit à dire. Ils respondirent que à dix sept heures il estoit midy. Lesdis religieux nous prierent au disner avec que eulx : Dieu leur doint paradis. Toutes fois nous vinsmes disner à nostre logy et fusmes bien traictiés à la Croix Blanche. Nous veismes les champs estant assis à table, dont faisoit bien plaisant ; car on voit les vignobles dessus les bleds par rengue et s'y a tant damandiés que c'est merveille. C'est ung plaisant païs et riche. Les beuf tirent par le hatriau, et ont le dos couvert d'un lincheu. Les jes des vignes sont tournans autour d'ung arbre environ de vingt pied de lung à lautre et les branches desdites vignes sont loüe de l'un à l'autre, ainssy pendent le roysin en lair et ne laisse on point à labourer dessoubs. Pour le plaisanche que javoiet je en souhaiday maintesfois me femme et busmes tous à elle ; car nostre hoste nous fit bon recoeul de bien boire. Et nous dict qu'il avoit bien de dix sorte de vin. Audit disner qui estoit le douze d'apvril despendis

                 13 gros.

 De Rivolle à Moncaillier a sept mille. C'est environ trois lieues de Franche. C'est assez plain païs. Ledit Moncaillier est une bonne ville assise ung petit en montant et y a de belles maisons de bricques et grant édifices. Il y a une église nommée saincte Marie, ou je veis deux tombes ou on dit que reposent deux Sains. Lung se nomme le beau Bertelemy ainsy lappellent y. Et disent que c'estoit ung bourgeois que gardoit tout ce qu'on luy appointoit pour souper et le donnoit pour Dieu et a faict plusieurs miracles. L'autre corps sainct se nomme le beau Bernard lequel disent qu'il estoit d'Allemaigne ; et vint à piedt ; depuis fut homme darme et puis capitaine. Et nous fut dict qu'il y avoit gens audit Moncaillier quy avoient veu le paige dudict sainct ; et que ledit paige vivoit encore. Nous demourasme la au gist audit Moncaillier ou nous fusmes bien traictiés au fourbours, pour ce que voliesmes partir lendemain matin. Car nous aviesmes une guide qui setoit venu présenter de nous mener à bon logy. Mais il nous trompa comme pores ouyr ci-après. A cedit souper eusmes force poissons, et aussy des raines et aussy limeschons dont despendis   12 gros.

 De Moncaillier a Ville Noeuve a dix mille. C'est une petite ville ou il y a des bons logys. Et est le conté d'Ast qui est au roy de Franche, et commenche ladite conté à ung pont que on passe au chemin dessusdit. Et est tout beau plain païs de labeur et y a plusieurs tourres de bricques bien haultes. Et sont quarrée environ de dix pieds de largeur ne sert sinon à faire le guet, quant il est mémoire de guere et ad cause que le païs est plain comme dessus est dict ; on voit bien loing. Nostre guide nous conseilla de demourer

au disner à ladite Ville Noeuve. Mais je crois que pactisoit au cabaret, car nous fusmes mal traictiés, quant je me partis je eusse bien disner encoire une fois pourtant nous despendismes chascun
9 gros.

De Ville Noeuve a la cité d'Ast a dix mille. C'est une bonne grande ville, ou il y a des beaus édifices de bricques et sont les murailles bien haultes ; le païs alentour est bochu, mais il est fort fertil, et bien labouré de bœufs, lesquels sont couverts d'ung lincheux et tirrent par le hattriau. Nous demourasmes au gist à ladite ville d'Ast et fusmes logies à la Couronne, se fusmes bien traictiés, car nous eusmes largement broches, carpes, raines, creviches, esturgions et lemischons et fruicts. Nons fusmes rescous, car nous aviesmes mal disnés, et despendis   12 gros.

Commenchement de Lombardie.

De le cités d'Ast a Non a quatre mille c'est une petite ville et de la jusqu'à Fellichent a six mille ; c'est aussy une petite ville, et y a grament de beaus logys. Et de la à Bourgoil a huit mille. C'est aussy une bonne petite ville, ou il y a de beaus logys et maisons de bricques. Et ne faict on que passer un pont, on passe la rivière de Teennerie que on entre la cité d'Alexandrie, laquelle est mal peuplée, et sy a pluseurs beaus logys et grans edificbes et se est grande ville; mais elle est vielle. Car le roi d'Alexandrie le fit faire. Le païs est plain alentour est fertil. Nous demourasmes la au disner le quatorzième dapvril nous aviesmes faict la matinée dix huit mille. Nons fusmes bien traictiés l'Angèle et me sembla que les raines que mengay la estoient milleures que les aultres et despendis
9 gros.

De Alexandrie à Tourtonne a douze mille ; c'est une moyenne ville, assise une partie en hault; elle a estés aultres fois plus grande de tout le païs. Le païs alentour est beau et fertil ; c'est plaisir a y estre et de veir les biens quy y sont croissants. Nous demourasmes la au gist ; mon compagnon Jehan du Bos avoit lune des jambes si foullée que ne pooit durer et nestoit sinon d'aller le pas. Comme jay escript devant il nen poeult souper de dolleur. Je le fis coucher devant ung feu, et le fis avoir sy chault qu'il crioit. Adoncq le blassay plusieurs fois de eau froide, et puis le fis couchier et fort couvrir. Dont chevaulcha lendemain tres bien. Je despendis audit souper 12 gros.

De Tourtonne au Pont à Couronne a cinq mille et est une petite ville et de la a Bougiere a cinq mille et est moyenne ville ; et de la a Chastel a aussy cinq mille ; c'est une petite ville assise bien hault. Et sont les rues bien laydes et y a meschantes maisons. Nous demourasmes aux fourbours au disner a lescu de Franche. Nous fusmes assez bien traictiés, et veismes estant assis à table le païs qui est plain de tous biens et despendis 9 gros.

De Chastel a Broine a six mille, et de la a Setradelle a deux mille ; c'est une bonne ville, et de la à Castel Sainct Jhan a sept mille. C'est aussy une petite ville est beau le païs tout alentour et plain et fertil. Les pourcheaux sont tout noirs la entour. Nous demourasmes au gist audit Chastel Sainct Jhan le quinze dapvril et despendis 12 gros.

Du Chastel Sainct Jhan a Plaisanche a douze mille et y a beau chemin. Ce est une bonne ville, et de la a Pontenu a cinq mille. C'est une petitte ville comme une bourgade, il y a tenant le porte le millieur logy que on scaurait trouver. Je croy quil y a bien pour loger deux cens chevaulx. C'est ung plaisir de veoir le pays alentour, qui est fort fertil. Et sy voidt on tant de rossignols que c'est possible de les ouyr chanter. Car il y a largement arbres et sont par rang et les bleds dessoubs. Le païs est chault, car les gens de bien ne portait que robe de soye ou saye, et les moyennes gens robes de toilles perces fronchiés. Principallement les femmes et les enfants que gardent les bestes au champs nont ne bonnet ne chapeaux, et en ay veu que avoient les cheveulx moitié jaune ad cause de la pluie que chiet sur leurs testes. Nous demourasmes au disner audit Pontenu le seizième d'apvril et despendis 9 gros.

De Pontenu à Florensolle a sept mille, c'est une petite bonne ville, ou il y a des beaus logis, et beau païs alentour, plain de bleds et dabres et de vignes; nul ne croiroit sil ne le voit; il n'est point de pareil au monde : de la au bourcq Sainct Denis a huit mille. Il vint deux varlets au devant de nous pour annochier leurs logis, et battirent quasy lung lautre. Il nous voloient bailler un escut au soleil en cas que ne fussiesmes bien traictiés. En le fait nous teinsmes au varlet de l'Angele. Y demourasmes la au gist audit bourcq, et fusmes tres bien traictiés car nous eusmes plus de dix sortes de viande et despendis 13 gros.

Il nous fut dict que le corps Sainct Donny est audit bourcq.

Du bourcq Saint Denis a Palmes a quinze mille. Ce est une belle ville et grande, et y a ung beau marchet, et au millieu dudit marchiet a une grosse cloche sur trois coulombes ; elle est au commerce de la ville. Je fus veoir les églises ; jen vis une que on faict toute noeuve en lhonneur de Sainct Jhan et est quasy toute vaussée et painte le plus part de bel azur. Le crucifis ny estoit point encoire, ne aussy les aultres Saincts. Je veismes une aultre église bien belle ; encoire en veis une aultre digne de mémoire, car elle est toute ronde et soustient sur une coulombe de pierre bien riche dedens et dehors ; et lapelle-on l'église des fons, car il y a ung font a batisier bien riche d'une piéche. Et me samble quil est de jaspe et est a cinq pans et se y a allée alentour. Le dossiere desdis fons est samblable piere et a en rondeur chinq longeur de ce que ay pu abraschier, que estime a douze ou quatorze aune, que est chose a se emerveiller ; car toute ladite dossierre est d'une piéche et se est ladite église toute vaussée. Sans nuls sommiers ne nulle piéche de bois. Je veis les plus belles femmes du monde et avoient affulés ung queuverchief de soye bien délié et ne voit on leur visaige sinon parmi le queuverchief. Et encoire ne voit on lesdites femmes sinon que les haulx jours ; c'est assavoir les riches, car leurs barons sont si jaloux que les font tenir en une chambre haulte ou nulz homme ne vont, et ne varlets aussy. Et sont la tousjours et aussy leurs filles et leurs chambrières. Et quant elles voeullent avoir à mengier, elles avallent une mande et on leur met ce quelle doibvent mengier. Quand lesdis jaloux ont disette, ils se montent en hault. Je dis et me semble que les povres femmes dudit païs sont plus à leur aise que les riches car elles vont ou bon leur semble. Ladite ville de Palme est pavée quasy toute de bricq de quant. Nous demourasmes la au disner il estoit jour de Pasques flourie dix sept dapvril. Se fusmes au Chapeau rouge bon logy et grant et despendis audit disner   10 gros et demy.

Commenchement des villes du Pape.

De Palme a Rege a quinze mille une bonne grande ville, ou il y a de beaux édifices et des beaux logis et beau païs alentour et fertil, et est au pape. Nous passames la ville ad cause que on oeuvre tard les portes, car on y fait grant guet. Et aussi nous volliesmes partir lendemain matin. Se logeasmes au fourbourg a la Cloche, et y a bon logis et plaisant regart de vignes et despendis
        16 gros.

De Rege a Rober a huit mille, c'est une petite ville ou il y a

ung fort chasteau et des grosses tourcs fort deffensables, tout alentour dudit chasteau. Les murailles sont haultes de bricqs et fait a font queue jusqu'au font des fossés, et les cretes de l'autre lez des fossés est machonnés de bricques aussy a font de queue. De la a Modene a sept mille, c'est une bonne grande ville, ou il y a des belles églises et beau marchie pavet de bricqs. La ville est au pape. Nous demourasmes la au disner le dix-huit dapvril et despendis
8 gros.

De Modene à Boullogne la grasse a vingt mille. C'est une belle grande ville fort marchande, ou on faict beaucoup de soye retorsse et aultre. On vat la plus part de la dite ville dessoubs les maisons, a cause des sallies quy y sont, et y a belles coulombes qui les soustient. Le païs de la entour est beau et bon principallement de decha. Il y a en ladite ville ung couvent de sainct Dominique, ou repose le chief dudit sainct et est tenant ung sepulcre et la ou repose le corps dudit sainct est hault en une chapelle et est leglise bien belle, et sont bien six vingt religieux laiens. Nous demourasmes la au gist a un bien grant logy, et il y avoit tant de gens logiés que fusmes mal servy et longuement et mal soupés toutes fois je despendis
16 gros.

De Boullogne la grasse a Pienort a huit mille, bonne bourgade ; mais le chemin est mal errant ad cause que sont pierres et eaues qui fault passer ; et se sont bien rades. Nous demourasmes au disner audit Pienort le dix-neuf dapvril. Nous fusmes bien traictiés et nos chevaulx aussy. Je despendis
8 gros.

De Pienort a Luiant a huit mille, c'est une bonne bourgade ; mais nous trouvasmes les gens malvais ; car ils fermerent l'entree et nous fallut païer chascun neuf deniers. Nous disiesmes que alliesmes a sainct voyaige, y ny acouterent point. Il sambloit qu'ils fussent brigants, ils me tesnerent bien. Car nous aviesmes trouvés may chemin, montaignes et vallées bien pénibles. Et de la a Pietremar a neuf mille aussy tous montaignes et vallées. On nomme cedit païs les arc de Boulongne. 'Vray Dieu que c'est ung pénible chemin pour les poures chevaulx. Nous demourasmes au gist audit Pietremart ou nous eusmes meschante estable, et aussy nos chambres sambloient un droict hospital. Et y despendis 16 gros.

De Pietremar à Flourensolle a quatre mille. C'est une petite ville en une vallée ; et de la a Lescreprie a dix mille. C'est aussy une petite ville aussy en une vallée. Sont tous monts et vallées a lentour. Nous demourasmes la au disner le vingt dapvril et je despendis 8 gros.

De Lescreprie a Florensse a quatorze mille. C'est une grande ville fort marchande. Je fus tout esbahis de veoir tant douvroir de soye. Il samble qu'il ne la faille que pesquer. Je veis une eglise de saincte Marie ainssy l'appellent y ; mais c'est ung triumphe de le veir par dehors, car elle est plus belle que dedans. Le clochier ne tient point a l'église, et samble que ce soit albatre, et ce est ledit clochier sy hault que c'est merveille de le veoir et est carrés. Ladite église a cent et quatre dertre par dedens de long et cinquante quatre dertre de largeur. Je y veis chanter la grande messe par levesque dudit Flourensse ; cedit jour que estoit jour de blan joeudy, dont estoit bien vestu, richement aornés et faisoit pluseurs cerimonies qui durerent longuement et se y avoit de bons chantres. Je veys une aultre église que on nomme l'Anonssiat ou il y a plus de mille personnaiges paints et eslevés pendus en l'air qui monstres les miracles qui y sont faicts ; il y en a que ont plus de vingt bastons, comme espées, javelines et aultres et est merveilleuse chose à regarder. Je veis encoire une aultre église de sainct Jehan, laquelle est plus belle et riche dedens que les aultres. Les tons sont tout d'albatre, et les foeuillis des portails sont tout de queuvre, ou il y a tout plain de personnaiges bien faictst. Dont il y a six foeullies en esdis trois portas. Il y a tant de richesse d'ouvraiges en ladite église que n'est besoin d'en plus escripre, car y aroit trop à faire. Ladite ville est assez bien assise est un val ou il y a forche bledz, vignes et tout plain d'olliviers et figuiers, et les montaignes que sont alentour sont quasy toute labourée. Nous arrivasmes au gist audit Flourensse le vingt dapvril et demourasmes la pour veoir la ville jusque lendemain apres disner; dont despendis ladite vesprée et aussy le disner 13 gros.

De Flourensse à Saincte Cachenne a huit mille. C'est une petite ville; mais il y a des bons logis et aussy aux fourbourgs. De la a la Tavernelle a sept mille; c'est une bonne bourgade, ou il y a largement olliviers et figuiers alentour. Le païs est fort boschu, mais on labeure tout; nous demourasmes la au gist a la Couronne, dont fusmes bien servy de bons poissons et despendis 16 gros.

De la Tavernelle a Senne la Vieze a seize mille; c'est une bien grande ville et bonne. Et y a une belle église la plus exquise par dedens que nay point encore veu. C'est merveille de voir lor et lazure qui y est, et se y a deux beaux portas bien riches. Je fus voir ung hospitaux qui est devant ladite église, il y a bien quatre cents lits. Le lieu est si grant que c'est merveille. Il y a une plaice grande que est toute plaine d'apothicairie pour garir les malades que y sont. Nous veismes avant la ville plus de deux cents personnes qui se battoient descorie et daulcuns si fort qu'ils avoient une grande partie du dos déchirés, et aussy dessoubs les assielles, ils font cela par penitance, et sont tous muchiés; vestu de toille jusqu'au tallon; d'aulcuns noire toille, aussy d'aulcuns de jaune, aussy de grize, et font cela le plus en caresme; il estoit ce jour le grant vendredy. Toutefois je veis tant de femmes richement accoutrées;

elles brayeoient bien. Ce sambloit quelles fussent abillées pour aller faire la Magdalaine ; il faut quelles aient bien argent, car les maisons samblent chasteaux. Nous disnasmes la audit Senne la Viele et despendis   8 gros.

De Senne la Viele a Bon Couvent douze mille. C'est une petite ville. A cause que plouvoit fort, nous demourasmes la au gist cedit jour du bon vendredy, qui estoit le vingt deux dapvril et despendis pour mon cheval   11 gros.

De Bon couvent à Recours a seize mille, c'est ung villaige petit. Nous demourasmes la au disner le nuict de Pasques a le Cloche. Dont fusmes bien traictiés de poissons a force et du bon vin. Il me fit bien mal que mes compaghnons volloient passer, car nos chevaulx estoient bien et despendis   8 gros.

De Recours à la Paille a cinq mille ; c'est aussy ung petit villaige. Nous trouvasmes le plus terrible chemin que oncques en ma vie veis. Car se sont toute pieres au chemin grosses et menues et monts et vallées sans estre guaire froies. Nous eusmes quatre de nos chevaulx tous déferrés et le mien perdit le moytié de lung des fers, et sestoit tout noeuf. Aussy furent contraints d'avoir le marischiau et demourasmes au gist à la Paille. Se ny avoit que ung marischiau viel homme et bien mauvay. Car il ne volut ferrer que trois de nos chevaulx, les deux aultres les ferra lendemain que estoit jour de Pasque bonne. Il nous fallut avoir patience et despendis   16 gros.

De Lapaille à Arquependante a onze mille, le chemin est malvay pour les chevaulx a cause des pierres qui y sont. Nous passames plus dix fois des courants d'eaues et sont a le fois bien pilleuses. Ladite ville d'Arquependante est bien haulte assise sur roches ; mais alentour il y a des belles vignobles et est le vin bon. Il estoit tant de disner quand vinsmes la, car avant partir aviesmes fait dire messe sur une table à nostre logis. Nous demourasmes au disner audit Arquependante; et fusmes bien servy de jambons, de poules et aultres biens, je despendis   8 gros.

De Arquependante a Sainct Laurens a cinq mille et de la a Bourssaint a trois mille et de la a Monflascon a six mille. Le chemin est long, mais il est assez bon. On coustoie long tamps ung beau lac. Nous demourasmes audit gist de Monflascon le dix neuvième dapvril. C'est une petite ville assez bien hault ; je despendis ladite vesprée   16 gros.

De Monflascon à Viterbe a huit mille et est un tout plain païs et y a pluseurs baingz de costés le chemin. Nous demourasmes audit Viterbe pour ouyr messe ; et aussy pour veoir le corps de madame saincte Rose lequel vismes estante couchiée comme une femme gisante; et voit on son chief tout nud ; et avoit une belle couronne de fin or. On voit aussi le batriau, les bras ; et le demourant estoit couvert dung riche drap dor et de soye. Ce sont religieuses qui lont en gouvernement. Elles nous vendirent tout plain de chaintures qu'elles attoucherent a ladite saincte Rose. En vuidant de l'église veismes passer les processions, car il estoit le jour sainct Marcq et le premier feste de Pasques, il y alloit en esdites processions plus de cent hommes qui estoient muschiés, et alloient devant les prestres. Lesdis hommes se batoient descorie sy fort que le sang en couloit de leur dos, et font cela par dévotion. Il nous fut dit qu'il y avoit des gens de bien et riche. Apres ce allasmes veoir la ville, elle est assez bonne, il y de belles fontaines bien riches et sy bien faictes qu'il y a plus de six brocherons par ou l'eau vuide. Apres vinsmes disner et despendis   8 gros.

De Viterbe a Roussillon a neuf mille, il y a une grande montai-

gne entre deux, et de la a Monteroche a sept mille tout plain païs. C'est une petite ville, mais il y a de beaux logis et bons. Se son cheval n'est bien ferré il y fault songnier, car on ne troeuve point de marischal jusque à Rome. Nous demourasmes la au gist audit Monteroche le vingt cinq dapvril et despendis a le Rose
16 gros.

De Monteroche à Baquenne a cinq mille. C'est ung petit bourgade ou il y a de beaux logis. Et de la a Rome a quatorze mille ; mais il nous y fallu disner en chemin en ung petit bourg qui est dessoubs une petite ville, je ne scay son nom. Je despendis audit boureg 8 gros.

Apres disner chevauchasmes tant que fusmes a Rome environ l'heure de trois heures de nous, qui estoit le vingt six dapvril IIe feste de Pasques. Dont on nous enseigna pour avoir bon logis a la Croix blanche. Car l'hoste estoit de nostre ville de Douay nommé Gillet.

Rome.

Ainssy appert qu'il y a de Valenchesnes a Rome a compter deux mille pour une lieue ; ce seroit pour récompenser les grandes lieues que on trouve depuis Lion jusqu'au païs de Piémont ; car elles vallent bien deux. Mais aussy faut il trois milles pour une lieue de Franche. Dont à compter comme dessus est dict y avoit trois cents quatre vingts lieues. Dont nous mismes trente sept journée, sans targier nulle part sinon demi jour à Paris, et demi jour a Lion et deux jours à Florenche. Dont en esdis trente sept jours despendis trente noeufs libvres six gros.

Lendemain que fus arrivé a Rome allay ouyr messe a l'église de Saint Pierre, ou il y a bien loin du logis ou estiesmes logiés. Toutes fois il est au milieu de la ville. Moy venu en la droicte main, en hault me monstrant ou repose le Veronicque et la lanche de quoy Nostre Seigneur fut perchiet. Je veis aussy en ladite église ou repose le corps de monseur sainct Pierre et sainct Pol. Tous preis de la a une coulombe quy est bien belle et bien taillée tortinée, ce samble albatre. Elle est enclose de une traille de fer ou il y a ung petit huis de fer comme ladite traille. Et quant on est dedens on va bien autour de ladite coulombe, qui est saincte, car elle faict pluseurs miracles. C'est le coulombe ou Nostre Seigneur s'adossoit quant il preschoit dedens Hierusalem, et elle a été apportée la.

Le 29e dapvril je rallay ouyr messe en ladite église, dont fut la admenée une femme laquelle estoit fort tourmentée du dyable que cestoit ung pitié. Et fut menée ladite femme dedens le traille qui faict cloture a ladite coulombe. Il y a ung prestre lequel conjura lesdis ennemis, et disoient qu'ils n'estoient que trois. Je loye dire, car je estoie tout près. Toutes fois il en furent trouvés quatre. Le premier fit si grant tourment a la poure femme, toutes fois il vuida et souffla une chandelle ; car le prestre luy commanda qu'il le fit. Affin que l'on vit quand il serait hors. Le second ryoit et louyt on bien a plain. Le tierch lui fit aussy grant paine a la pouvre femme. Je cuidaye quelle deult morir. Car elle avoit la bouche ouvert bien grande. Adoncque bouta son doigt en la bouche de la poure créature. Et dit le prestre au diable que se il avoit puissance sur Dieu que le mordesit ; il ne lui fit nul mal et vuida, et le quatrième aussy et soufflerent chascun leur chandelle, mais soyez seur que ledit prestre eult bien du mal, car il fut bien une heure et parlait hardiment et dit les quatre évangiles. Et après je vis la poure femme aller remerchier sainct Pierre et sainct Pol, et aller faire oraison devant l'imaige de la vierge Marie et soubit le vis aller a la confesse au même prestre que l'avait conjurée. On nous dict quelle avoit esté fortunée deux ans. Son frère et son mary lavoient la admenée. Après ce on nous monstrat le corde ou se pendit Judas. Ladite corde est bien aussy grosse que ung comble, et est sur ung pillier bien hault a la main gauche. Le nef de l'église dudit sainct Pierre est mise jus, et le fait on plus large de grament qu'elle nestoit, mais quelle soit faicte ce sera le plus large église que soit au monde. Je vis le trente dapvril le palais du Pape et est tenant ladite église, dont c'est merveille d'y estre. Car on monte aussy hault que sont toutes les chambres à cheval, bien chinq personnes de front et au dessus y a jardin de plaisanche et personnaiges grands eslevés de belle pierre que samble albastre ; et se y a audit palais des lions grans et des josnes ; car je les vis donner à mengier ; de-près la place desdis lions on faict l'artillerie. Pour faire court il y a tant de choses nouvelles que ne me seroit possible descripre. Il y a des costés ladite église une pierre quarrée et bien taillée onie et a de grosseur ladite pierre six toises et demy par bas, et a bien cent pieds de hault et mieux, et est toute droicte, on le nomme lesguille sainct Pierre, elle est rouge et samble estre de jaspe. En revenant de ladite église a nostre logis regardasmes le chasteau sainct Angele, lequel est bien sumptueux et deffensable. Et vient le Pape de son palais se bon luy samble entre deux murs audit chasteau. Et se y a chemin sur lesdis murs depuis ledit palais jusqu'au dit chasteau. Et se y a bien long de lung a lautre. Dont il y a plaisant regart car la rivière du tybre passe auprès et se voit on pluseurs beaus jardins.

Item. Je vis le premier jour de may le sainct Père, lequel on portoit en une chaiere richement aornée, et sestoit acompagnies de pluseurs cardinaux et evesques qui portoient chascun une chandelle de chire blanche. Et même le sainct Père en portoit une. Et fut porté ainssy sur ung grant eschafault que estoit faict en l'église sainct Pierre. Et adoncq canoniza ung sainct nommé sainct Franchois de Paul, natif de Calabre, dont ledit sainct estoit trespassés a Tours en Touraine, depuis dix ans. Il ne seroit point possible de mettre tout par escript le triumphe que y fut faict. Car cestoit merveille d'y estre et durerent les serimonies bien quatre heures, et y avoient que paioient demy ducas pour veoir ledit triumphe.

Che mesme jour après disner on nous mena veoir ung pallais que a faict faire ung marchand dallun. Lequel se nomme Augustin Giige. Ledit palais est bien exquis, car les huisserie sont de jaspe les ungz rouge daucune verdatre, et se y a beaus jardins ou il y a soixante orengies portant belles grosses pommes. Nous fusmes veoir une estable ou il y avoit trente quatre chevaux et encore y avoit il plaiche pour dix huit chevaux. Dessoubs ladite estable y avoit encore une que se faisoit aussy grande, vaussée de belles pierres ; les veues venoient des rues ; c'est une chose de l'autre monde de veoir les richesses dudit marchant. On nous dit qu'il avoit encoire en ladite ville ung aultre palais aussy beau et n'est point marié. Il a une chambrière de quoy il a chinq ou six enfans.

Le deux de may nous allasmes en pelerinaige a sainct Sébastien lequel est une demy lieue hors Rome. Et y a en leglise sinon quatre moines. Il y a un autel en bas, quiconque fait dire messe sur ledit autel lequel est double, il rachate une ame de purgatoire. Il y eut ung moine lequel nous mena par dessoubs terre bien loing. Et est le lieu ou on portoit les corps des martirs quant les Turcqs gaignerent Rome. Il nous fut dit des moines qu'il y a en esdites cavernes cent et soixante dix huit mille martirs et les os de quarante six papes sans les aultres corps saincts que sont avant l'église. On nous monstra le coulombe ou estoit loiés monsieur sainct Sébastien quand on le tiroit, et son corps est dessoubs ledict autel ou on fait dire messe ; je ne scaroie tout escripre en trois foeilles ce qu'il y a en ladite église.

En revenant dudit voyaige vis pluseurs bufs lesquels estoient gras et gros comme ung grot leux ; mais ils sont tous gris, et nont guaire de poil. Il nous fut dit que environ six jours devant lung desdis bufs avoit tués un crestien et deux juifs. Je fus bien esbahis de veoir autant de juifs. Quant ils vont avant la ville, ils ont un rouge gartier à leur poitrine, affin que on les congnois, et le plus part sont vioiries. Je les vis garder la feste le samedy, et tous près de la les crestiens ouvroient. Je ouy dire que ces mauldits juifs oeuvrent en leurs maisons closes le dimenches. Ils payent grant tribut au Pape. Vela pourquoi on ne leur oze rien faire, car on en seroit en dengier.

Le trois de may nous allasmes aux sept églises. La première est sainct Pierre, la seconde est sainct Pol. Dont en chemin on nous monstra ung mont de terre bien hault, et dict on qu'il est faict de potée de terre que chascun pays aportoit tous les ans pour leurs tributs que payoient aux Romains. Car ils furent seigneurs ung tamps de tous le monde, et falloit que le nom du païs fut escript sur le pot. Dont a point on nomme ledit mont le mont de toute terre. En ladicte église de sainct Pol y a autant que en l'église de sainct Pierre. Ung quart de lieu oultre, y a une petite église ou sainct Pol fut decoles, et fit son chief trois sault, dont a chascun sault a une belle fontaine y en ait but. Et sont lesdites fontaines environ quatorze pieds de l'une a l'aultre. La troisième église est sainct Sébastien devant dit ou sont tant de martirs, et au venir à la quatrième église y au chemin une petite chapelle ou il y a sinon ung autel la fusse que rencontra sainct Pierre Nostre seigneur, quand il s'enfuyoit de Rome de peur de Néron. Et adoncq lui demanda sainct Pierre ou alloit notre Seigneur auquel respondit que s'en alloit a Rome pour estre encore crucifiés.

Ladite quatrième église se nomme sainct Jhan du Latren ou sont a cest heure les degrés que solloient estre en la maison de Pilate, et en y a vingt huit. Quiconque les monte à genoulx et dit a chascun le Pater noster ou Ave maria tout du long il tire une ame de purgatoire. Encoire y a pluseurs dignités en ladite église.

La cinquième église est saincte Croix, il y a des dignités largement et y faict bien dévot.

La sixième église est sainct Laurent ou j'ay veu une pierre large, laquelle est toute rougeâtre de sang, quant il fut rotty en lung des les, pour le retourner, le mirent sur ladite pierre.

La septième église est saincte Marie majeure; le chief sainct Mathieu y est et aussy pluseurs aultres dignités.

En une aultre église auprès nommée saincte Praxède laquelle aporta pluseurs seaus du sang des martirs et quant furent adoncq a Rome, et bouta ladite saincte le sang devant dit en ung puiche de peur qu'il ne fut perdu et lavoit recueuillies a tout une esponge, et en portant ledit sang en fut respandu une goutte laquelle ay veu, et est encoire rougatre. En ladite église il y a latache ou Nostre seigneur fut batu. Pour faire court on ma monstré tant de belles choses que croy que le moitié de la terre de Rome ont été mis corps sainctes. C'est bien son nom la saincte cité de Rome. Il ne tient qu'a ceulx qui y demeurent de gaignier paradis. Dieu doint par son bon plaisir qu'ils le puissent avoir et nous aussy ; celuy sera bien heureux.

Dedans Rome a une grande edifiche destruicte laquelle est une chose a se emerveillier de le veoir car elle est si haulte et matérielle et sy exquisement ouvrée que c'est merveille, et se nomme cedit lieu Colligée, laquelle est toute ronde et de merveilleuse circuite.

Il y a tant d'autres lieux destruicts que c'est terrible chose a regarder. On voit encore des rens de murs que solloient aller jusquau païs de Naple, ou il y a bien quarante lieues du mains. Et avoit sur cesdites murailles buise par ou venoit lolle, et du vin en une aultre buise. Et aussy de l'eaue douche en une aultre. Et venoient aussy ces trois parties de Naple deschendre dedens Rome. Car ils nosoient adoncq boire de l'eaue du Tibre, ad cause qu'elle est sy tourbe. Mais quand elle est en quelque vaisseau elle est soubit toute clere. Et fust un pape quy le bénist, se le trouvent main'enant bonne. Mais il ny fault point bouter les mains ; et l'eaue des puichs a ceste heure ny vault rien sinon a buer et laver, pour le malédiction que ledit pape y fit ad cause que ceux qui avoient des puicts vendoient l'eaue bien chiere aux poures gens. Et maintenant guaignent les poures gens a porter leaue du tibre aux riches.

Le trois de may lung des chantres du Pape nous mena au pallais, soubit que le sainct Père eult soupé. Nous entrasmes en sa chambre riens que nous quatre, que volleismes faire le sainct voyaige, dont bazames chascun son piet, et adoncq nous bailla sa benediction et congier d'aller au sainct voyaige devant dit et nous fit donner a boire.

Le quatre de may nous contasmes a nostre hoste ad cause que les chevaulx de mes compaghnons ny amendoient point dont en fus en huit jours que je y avoie demouré, mais je n'avoie eut que trois jours mon cheval et l'avoie vendu, dont despendis audit Rome
100 et 10 gros.

Le chemin de Rome a Lorette.

Ledit jour quatre de may après disner partismes de Rome et

vinsmes couchier a une hostellerie de costés ung chasteau nove ; et y a de Rome jusqu'a ladite hostellerie quatorze mille. Mais soies seur que je eu peur assez en audit chemin. Car je trouvoy des gens qui se nomment cors ; ils portent deux javelines, une rapière et ung boucqliet. Ce sont gens malvais banis, et telle sorte de gens quant ils trauvent leur belle ils tuent ung homme, et luy ostent son argent. Je mestoie partie ung petit devant mes compaghnons, ad cause que avoie vendu mon cheval et alloie a pied. Car lung de mesdis compaghnons portoit mes habits, se alloit assez fort. Car jestoie tout repose audit Rome, se estoit fort eslongniés; et croy sans aulcune compaghnie que lesdis malvaises gens virent venir, ils meussent vollu faire desplaisir. Mais Dieu et Nostre dame de Lorette me gardèrent. Je despendis a ladite vesprée audit logis   6 gros.

    Le cinquième may party au matin du Chastel Nove, et a jusqua Regnant a sept mille. C'est une petite ville et passe on par dehors, et de la jusqua ung villaige que faut passer a sept mille ; dont un mille plus avant y a ung petit villaige ou nous demourasmes au disner. Et moy estant encore a piedt ad cause que ne trouvoit nulz chevaulx de louaige ne despendis que   3 gros.

    De ce petit villaige a Nargue a douze mille. C'est une petite ville ou il y a une belle fontaine en la place. Toute la journée chy dite ne trouvasmes que monts et vallées et le chemin plain de pierres comme roches, tellement que on y estoit craventés. Et pour la ne vollu me compagnon Jan du Bos plus porter me robe ne mes besache ou mes chemises estoient. Se me fallu louer ung cheval pour lendemain, dont audit souper et gist despendis   6 gros.

    De Nargue nous vinsmes disner a ung petit villaige ou on compte treize mille. Nous aviesmes passés une petite ville. Mais il estoit trop matin pour disner. Se fusmes bien traictiés audit villaige.

Toutesfois le pais alentour sont mons et vallées et plain de pierre. Toutesfois on y boit du bon vin despendis audit disner parmy louaige du cheval 16 gros.

De che petit villaige a Sepoullet a chincq mille. C'est une petite ville et trouvasmes toutes montaignes et vallées, et nous demourasmes au gist audit Sepoullet, dont despendis parmy le louaige de mon cheval 16 gros.

De Sepoullet a Verchant a quinze mille c'est un moien bourgade, le chemin est assez bon et le pays fertil. Car il y a largement olliviers, amandiers, et bleds et orges. On me vollu vendre du beau saffran et bien secq, et me le laissant pour trente six patars la livre. Se n.. compaghnons eussent vollu attendre tant qu'il eult estés pesés je en eulz pris, car il valloit adoncq en nostre païs la moytié plus, jentens encore autant et mesdis compaghnons me disoient quelle chose je en volloie faire, et trottoient toujours. Se ne me osay atarger de peur qu'on me ostas mon argent. Cedit saffran croit alentour dela. Nous demourasmes au disner audit Verchant et estoit le sept de may dont je despendis par le louaige du cheval
16 gros.

De Verchant a Lamouche a douze mille, c'est une petite ville dont avant que y fussiesmes trouvasmes toutes montaignes et vallées ou il ne croit guaire de biens. Nous demourasmes la au gist, dont despendis parmy le louaige du cheval 16 gros.

De Lamouche quant cuidasmes partir lhoste se agripa au palto de Jehan de Vendezie, ad cause quil ne volloit point payer a sa volenté du cheval de son serviteur. Et croyque luy et ses voisins eussent fait desplaisir audit Vendezie. Mais son frère rua une piéche d'argent, se le laisserent aller et portant il faut tousjours donner que veult estre bien venu. Dudit gist jusqu'a Tollentin a quinze mille. C'est une petite ville, ou il y a ung beau petit marchiet et assez près a une église, ou le corps de sainct Nicolas de Tollentin repose, et y faict pluseurs miracles et baille on des petits pains aux pellerins ; et sont touchiés a lung des bras dudit sainct. Ledit sainct est noir vestu comme ung moine, et porte le surnom de ladite ville ; nous demourasmes la au disner que estoit le huit de may, et fusmes bien traictiés dont despendis parmy le louaige de mon cheval   16 gros.

De Tollentin a la Paix a dix mille, c'est ung bon logy tout seul. Mais il y a bien plache pour logier quatre vingts ou cens chevaulx ; ils sont laiens chinq ou six varlets. Nous fusmes bien traictiés de viande et aussy nos chevaulx ; mais les licts ne sont plain que destrains. Toutesfois ils sont engourdinés. Et sont les chambres tendues de beaux tapis de Turquie ; et les tables couvertes aussy de mesme. Nous demourasmes la au gist cedit jour dont je despendis parmy le louaige du cheval.   16 gros.

De la Paix à Arquenar a neuf mille tout plain païs plain de beaus bleds, et aultres biens. Mais ladite ville d'Arquenar est hault sur une montaigne ; mais on labeur tout et y a de belles vignes alentour. De la a nostre dame de Lorette a trois mille tous mons et vallées ; mais on met tout à labeure. Nous vinsmes la au disner le neuvième de may. Dont je despendis parmy le louaige du cheval
                                                        16 gros.

Ainssy appert qu'il y a de Rome jusqua nostre dame de Lorette six vingtz trois mille.

Après que nous eusmes disnés nous allasmes veoir léglise de nostre dame ; mais nous fallut la laisser nos espées, car il y a des soudoiers que gardent l'entrée, et y a largement artillerie, culuvrismes et aultres bastons. Nous venus en léglise allasmes veoir une chappelle qui estoit le chambre ou la vierge Marie recheut les sainctes nouvelles comment elle concheveroit. Et se y fut noury son enfant Jesus lespasse de douze ans. Les murs dalentour sont de bricques et y a trois bricques despes et a de largeur ladite chambre par dedens environ quinze pieds et de longueur environ vingt huit pieds et de hauteur quinze a seize pieds ; il y a deux huis. Lung des littiaux deseure lhuis est de blanche pierre, et lautre littiau de lautre huys est de bos. Mais il y a une petite arcure de bricques descure ledit littiau pour le conforter. Ladite saincte chambre ou chappelle est aussy espes de bricques, comme dict est. Les angeles l'ont aportés tout par deseure la mer et se nest riens despeschiet. Il y a en ladite saincte chambre ung autel ou on dit messe tous les jours; derriere lautel a une ymaige de la vierge Marie et est eslevée, et disent les chanoines que sainct Luc la faict. Il y a alentour de ladite ymaige tant de richesses que ne scaroye escripre, comme couronnes dargens et se y a plus de deux cens calices d'argent; et se y a douze lampes ardentes nuict et jour devant ladite ymaige. On voit toutes ces richesses quant on oyt messe. Car il n'y a qu'une traille entre lautel et lesdites richesses; on faict ung mur de deux bricqs despes tout alentour de ladite saincte chappelle de peur quelle ne fondesist. Ad cause quelle a été tant transmuée. Mais par le miracle de la belle dame jai veu des bricques qui commenchent a fendre, et toutes celles de la saincte chapelle sont entieres. Et se y a du mais quinze cens ans qu'elle est faicte et le mur de deux bricques qu'on a fait a environ deux cens ans. Laditte saincte chappelle est au millieu de léglise et sont les murs de ladite église par dedens tous muschiés de tabliaux des miracles que on a la aportés des miracles que la belle dame y faict. C'est une belle chose de veoir les pellerins qui y arrivent. Il y a plenière remission tous les samedis de lan a tous cheulx qui y vont.

5.

Après que nous eusmes regardés léglise, allasmes jouer avant la ville. On lenfrume et y a ung beau bollverre tout faict du les de Rome. On nous monstra une plaiche aupres de la ou la saincte chambre fut aportée des angeles et assise comme elle est. Et estoit ladite plaiche a deux frères. Se y eult grant procès entre eux deux ad cause de lalle et grand proffit quy y avint que chascun disoit a lui appartenir adoncq les angeles le apporterent ou elle est maintenant. Et ladite ville est y a moitié enfrumée. Et se n'y a que sept mois que on commencha. Il y avoit largement ouvriers ad cause quils craient les turcqs. Car il ny avoit que ung an quils avoient estés a une mille preis de la ville, mais la belle dame y ouvra. Car lesdis turcqs sen refuirent et en cuydoient estre jamais eschappés. Après avoir regardés lesdis ouvraiges vinsmes souper. Dont ne despendis, car je n'avoie plus de cheval et fis très bonne chière pour le pris de 6 gros.

Lendemain que estoit le dixième du moys de may allasmes ouyr messe en la saincte chambre; et puis cuydoie faire dire messe. Je ne en sceu finer, et le fallut faire dire sur ung aultre autel. On me dit que cestoit tout ung. Les prebstres ne prennent point d'argent, on rue che qu'on voeulx en ung troncq quy est la. Che sont channoines, mais ils mangent tous ensamble en une table, tel viande de lung que lautre. Ils ont chascun pour leur habillemens et suffraiges chincquante ducas par an. Nous fusmes au revetiaire, mais je fus tout esbahis de veoir tant de richesses que on nous monstra ; il ne me seroit point possible descripre tout. Nous en vinsmes disner et despendis en faisant bonne chière 6 gros.

Ledit jour après disner, on nous mena veoir le lieu ou le saincte chambre fut premièrement aportée des angeles. C'est en ung bos environ a demy lieue près de la ville et a demy lieue près de la

mer; mais a cause qu'il se faisoit tant de murdre en audit bos des malvais garchons que espyoient la les poures pellerins, la saincte chambre fut aportée a la plache que ay escript devant quy estoit a deux freres. Quand nous eusmes asses sallués le lieu et regardés ; nous revinsmes a l'église. Se trouvasmes ung chanoine, lequel avoit sa soeur demourante a Valenchesnes, et pour lamour du pays nous monstra le fenestre par ou langele vint anochier les belles nouvelles. Et nous monstra le autel tout nud, qui est en la saincte chambre. Et nous dict que les apostles lavoient fait dedens Hierusalem, et que sainct Jacques le mineur fut le premier quy y dit messe. Et fut la première messe dicte en ce monde. Et se nous monstra ledit chanoine le aumelle ou la vierge Marie mettoit sa viande. Je ne me scarroie sauller de estre en ladicte saincte chambre. Car je croy que le benoist Jhesus, quant il apprenoit a aller il se apuyoit au mur de ladite maison. Nous touchasmes maintefois nos chapelés. Encore nous monstra ledit chanoine ou la belle dame lavoit ses mains; c'est une petite pechyne comme celles que sont aus églises, ou on donne a laver aux prestres. Aprés que nous fusmes hors de ladite saincte chambre, nous monstra ledit chanoine des pierre toute taillie les plus exquise que navoie jamais veu, che semble albatre. Les personnaiges sont sy bien faites que samblent en vie, c'est pour mettre autour du mur de la saincte chambre au lieu du mur de deux bricques; car on les mettra jus et y mettra on celles riches pierres, quy sera une chose bien belle et riche. Après avoir bien regardés nous vinsmes souper et despendis audit souper
6 gros.

Le onze de may nous allasmes encore ouyr messe en la saincte chambre, et nous fut dit que toutes les choses qui y sont, comme lymaige qui est derrière l'autel et aussy l'autel, et les aumelles, et aussy le lavoir comme dict est tout fut ainssy aporté de Nazareth en Hierusalem, et de la au païs d'Esclavonie, et de la au bois, et dela aux champs, et dela ou elle est maintenant. Che a esté a chascune fois ung beau miracle, d'estre ainssy porté sans queir une bricque. Je voeulx escripre dung beau miracle lequel navoie point mis par escript a mon premier livre. C'est que j'ai veu le corée dung prestre laquelle on voit contre ung mur. Ce fut ung prestre bien devoet a la vierge Marie. Et alloit souvent saluer en la saincte maison, quant elle estoit au païs desclavonie. Quant ladite saincte chapelle ou maison fut transmuée des angeles, ledit prestre ne faisoit que se dellamenter, et prioit toujours qui posit scavoir quelle estoit devenue. Une voix luy dict quil se mist en chemin et que le trouveroit. Ainsy quil cheminoit trouva des turcs, quy lui demanderent ou il alloit, et il leur respondit qu'il cherchoit après la saincte chapelle, et ils lui fendirent le ventre, et lui tirerent le corée hors de son corps. Après quils leurent laissiet, il se leva et prist ledite corée et chemina tant quy vint ou la saincte chappelle estoit, et luy venu demanda des ornemens, et dit messe sur lautel quy y est a ceste heure. Après avoir dit messe appela pluseurs des chanoines et leur dit le miracle, et soubit rendit son ame a Dieu. On luy ouvrit le ventre et trouva on quil avoit dit vray, et vrayment j'ai veu ladite corée. Après ces choses veues, nous vinsmes disner et despendis. 6 gros.

L'après disner nous allasmes juer aux champs cestoit merveille de veoir les pellerins venir. Car ladite ville de nostre dame est assise sur une montaigne; mais la terre dalentour est bien fertil. Il y a des belles vignes, et des beaus prés et bos. Lung de mes compaghnons a mis en son livre que vient la plus de pellerins en quinze jours que ne faict à nostre dame de Haulx en ung an; et dict vray, et quy veult estriver sy voye la, et il veura bien de quoy.

Apries che escript vinsmes souper et despendis   6 gros.

Le douze de may nous allasmes encore ouyr messe en la saincte chapelle, et nous recommandasmes a la belle dame, puis desjunasmes ung petit. Il me fallu louer un cheval pour aller jusqua Ancone ou il y a quinze mille et païs bien bochu; mais il est assez fertil. Nous vinsmes a Ancone ainssy que a midy, dont despendis au disner parmy le louaige de mon cheval et se fismes bonne chière
         20 gros.

L'après disner fusmes jouer avant la ville, laquelle est assez bonne et marchande assise sur une montagne, ou il croit dung costés de belles vignes et de laultre costés est la mer, qui bat contre, ou il y a des grans batteaux et le plus des moyens qui vont de la a Venise. Et quand on na point vent contraire on y est sur deux jours. Mon compaghnon Jhan du Bos vollut vendre son cheval, ad cause quil nen avoit plus que faire, et fit envoyer quérir des coulletiers, mais il n'en sceut avoir que sept ducas, et il en avoit refusé a Rome seize ducas. Pour tant fis que saige de vendre le mien a Rome. Je conseilleroie a cheulx qui voroient aller au sainct voyaige, quil n'attendesist point a vendre leurs chevaulx jusqua la darraine ville, car les paillards sont sy fretes quil sont lung pour pour lautre, et nachate nuls sy ne les ont a moitié pour néant; et vrayment pour che que ledit Jhan du Bos ne volut donner son dit cheval pour lesdis sept ducas, lung des coulletiers luy desrouba le bride que oncques nuls de nous ne s'en perscheut. Après ce vinsmes souper et despendis   6 gros.

Lendemain treize de may fusmes ouyr messe en une église que est haut assise deseure le mer, car elle est au pied. Ladicte église est faicte en l'honneur de sainct Criart. Après la messe dicte le prestre tout revestu alla ouvrir ung cofre. On nous monstra le corps dung sainct tout entier, et le nomma sainct Anthoine, et avoit esté évesque de la ville de Ancone. Il sambloit quil ny eult que sept jours que fus mors, car il y avoit aux lieux secrets tout che que ung homme arait. Mesmes les entrailles navoient point estes ostées. Et se y avoit vingt huit ans quil avoit estés trouvés ainssy tout entierre. Quant on fit les fondements pour ralargir ladite église, le prestre prit ledit sainct par les jambes et le haulcha, mais il flairoit cosme basme. Je ne me scaroie soller de le regarder. Car il avoit encoire barbe, oreilles, ongles, tout aissy que ay escript. Se mittre estoit deprès luy audit cofre, et aussy se croche. Il estoit natif de la auprès. Ces choses veues vinsmes disner et despendis en buvant de bon vin. 6 gros.

Après disner ainssy que alliesmes jouer avant ladite ville d'Ancone et que comptoie a lung de mes compaghnons comme javoie veu cedit sainct corps, nous fut dict et certifié de pluseurs de la ville que en leglise susdite y a le corps dung sainct homme, mais on ne le monstre point. Il estoit marchant dudit Ancone et après avoir marchande bien longuement, donna ses biens pour Dieu et sen alla a rendre hermite a sept mille pres de la dite ville, et se nomme ledit lieu le montaigne d'Ancone ; il y mena sy austère vie que c'est belle chose de l'ouyr racompter, tellement qu'il est sainct en paradis. Et faict pluseurs miracles et se ny avoit que dix ans quil trespassa. Il se nommoit le beau Jérome. Il y avoit tout plain de gens quy nous dirent quil lavoient veu. Après ces choses ouyes revinsmes en nostre logy, Et adoncq lung des Vendezie que estoit notre compaghnon et que avoit promis de faire le sainct voyaige demanda à Jhan du Bos se il volloit donner son cheval pour huit ducas. Se fus bien esbahis, car nous nous estiesmes party a son apetit et aussy de son frère bien deux mois trop tempe , comme ay escript devant. Disant audit Jhan du Bos quils estoient délibérés de retourner en nostre païs, leur donna son cheval pour lesdis huit ducas. Adoncq allasmes souper et despendis 6 gros.

Le quatorze de may au matin les deux Vendezie prirent congiés de nous, et se partirent et aussy leur serviteur ; ainssy demourasmes que nous deux Jhan du Bos; et pourtant il nest nulz asseuré avec tels gens muables. Ils nous firent dammaige a chascun plus de dix escus au soleil, a avoir party sy matin ; et croy quils furent cause que mondit compaghnon Jhan du Bos morut, comme chy après ores. Car il devint en le fin sy escars que cestoit merveille, et luy souvenoit tousjours quil sestoit party sy matin. Nous allasmes nous deux Jhan du Bos veoir au port sil ny avoit nulz batteaux qui volloient aller a Venise. Mais les mariniers nous dirent que le vent estoit trop terrible et contraire, se demourasmes la tout le jour en une hostellerie tenant la mer, de peur quil ny eult quelque bateau qui se partit sans nous. Dont commenchasmes a escarser, car tout le jour ne despendis et aussy mon compaghnon chascun que 8 gros.

Le quinzième de may au matin nous allasmes nous deux ouyr messe, et nous recommandasmes a Dieu, car on nous avoit dict que la mer dudit Anconne est a le fois plus périlleuse que nul aultre mer. Nous vinsmes desjeuner. Et adoncq on nous dict quils ont en ladite ville lung des pieds sainte Anne. Je fus bien courouchiés que ne l'avoie point veu pour veoir lequel cestoit, car nous avons dedens Douay ung. On nous dit quil y avoit des marchans sur le port quy volloient aller a Venise se nous hattasmes et allasmes marchander mais il me desplaisoit fort que nostre batteau estoit si petit. Toutes fois nous entrant dedens eu bien peur. Car quant il y avoit deux hommes plus a ung a les que a l'autre ledit batteau clinoit fort. Nous fusmes bien danssés des ondes de la mer. Et vismes cedit jour pluseurs doffins gras et gros lesquels se boutoient hors de l'eaue, cestoit chose pour se espanter, car ils estoient aussy gros que seroit ung veau et avoient longues oreilles. Nous passames contre une ville nommée Sinagaiie, ou il y a d'Ancone vingt mille et de la a Pesere a vingt mille ; c'est une bonne ville. Nous vinsmes la au vesprée et busmes aux fourbours, car la ville estoit fermée.

Ainssy quant nous eusmes but audit fourbours rentrasmes en notre dit berque, et allasmes celle nuit vingt cinq mille. Dont nous trouvasmes au point du jour a une ville nommée Rimme. Dont allasmes ouyr messe a ungne église de sainct Nicolas, et la nous fut monstré le bras dudit sainct venant du Bar ; et baisames le dos de sa main tout nud, car le demourant est encasses en argent.

Après ce nous retournasmes en nostre barque ce seize de may et passasmes contre Ravenne, car toujours nous alliesmes costoyant la terre de la peur des dangiers. Ladite ville de Ravenne est grande et belle a veoir et y a de Rimme trente cinq mille, et de la nous allasmes bouter a sauvetes, la nuict en une rivière de eaue douche, que deschendt la en mer. Nos navieux ahocquerent nostre barque et adoncq sallismes hors trestous pour rafreschir. Mais nous ne scaviesmes aller et estiesmes tous estourdis, de avoir été ainssy danssés. Nous atachasmes ung baston a fourquette en terre, et la pendirent nos navieux ung chauderon audit baston et cuismes tout plain de poissons. Loué soit Dieu javoie bon apétit, car je navoie fait que escorchier le regnart. Et pareillement le jour de devant pour lamour de la mer ; mais il ne men fut oncques de pis. Loes en] soit Dieu ȝe me refist très bien. Et après retournasmes couchier en nostre barque,

Et nos navieux se reposèrent toute la nuict. Car ils estoient fort lassés de rismer; on conte de Ravenne jusqua ladite entrée soixante dix mille.

Lendemain que estoit dix sept de may, nous remismes a chemin et passames contre une ville nommée Quioze. Dont on compte de ladite rivière soixante chinq mille. Quioze est une ville petite sur la mer et na nulles murailles. La terre est sur le soleil couchant; il y a pluseurs jardinaiges ou il y a largesse daughnons, et des aux et des porées. Et les mainent tous les jours a Venise par batteaux, car il n'y a que vingt cinq mille jusqu'au dit Venise. Nous y arrivasmes chedit jour au vespre. Dont compta pour être menés depuis Ancone et aussy des despens que je fis a ladite barque 41 gros.

Ainssy appert qu'il y a de mer depuis Ancone jusque audit Venise deux cens cinquante cinq mille.

Ainssy comme jay escript devant arrivasmes a Venin che 14ᵉ de may au vespre. Dont nous deux mon compaghnon Jhan du Bos allasmes au logy qu'on nous avoit bailliet par escript dans le pays et eusmes bien de la paine a le trouver. Car il ny avoit quasy personne que nous entendesist, toutefois nous parlasmes tant de Bertellemy trussemant que on nous mena en se mayson. Et y fismes bonne chière et me compta ung marssel que vault 6 gros 8 deniers.

Le 18ᵉ de may nous allasmes a la messe a sainct Marcq. Après la messe ouye on nous monstra une petite pierre de pavement de l'église, laquelle est devant le trin, et na environ que piet et demy de long et de large trois pauch. Se nous fut dit et certifiet que ceulx de l'église ont refusés six cens ducas de ladite pierre. Pour faire court c'est merveille de veoir les richesses du pavement de ladite église et les chapelles sont encloses de belle pierre de jaspe, et se y a tant de coulombes pareilles quon est esbahis sans parler des reliquaires, car j'aroye trop affaire. Nous vinsmes disner et marchandasmes a notre hoste pour chascun jour disner et souper et couchier deux marchiel que vallent 13 gros.

Après disner nous allasmes veoir le port et les batteaus et les edifices alentour, et y a une longue rue ou il y a des beaus grands pallais; je ne leusse jamais pensés car je navoie point veu de pareilles. Nous rencontrasmes ung gentilhomme quy estoit logies avecque nous que nous conseilla d'aller marchander a ung patron nommés sire Loüis Dolfin pour aller en Hierusalem. Dont y allasmes nous trois et fusmes daccors pour estre menés, et convoiés tout partout les lieux saincts en la terre saincte. Et aussy pour estre ramenés et tousjours noury quant nous serismes en sa nave. Cest assavoir au matin plain une tasse de Malvoisie avec deux ou trois morcheaux de pain biscuy; au disner potaige et deux sortes de chair bolleu et aussy fromaige et vin autant que on peut boire durant la table. Mais on y estoit peu a mon het, car il falloit faire plaiche ou aultres. Pareillement au souper roty et aussy du boully de deux sorte de chair, et aussy fromaige. Et environ deux heures après souper plain une tasse de vin. Tous ces articles furent mis par escript et presens deux seigneurs de Venise fut recongnu par ledit patron. Dont pour cesdites devises fusmes d'accort pour chascun de nous quarante cinq ducas, dont en balliesmes la moytié chedit jour, et l'aultre moytié promismes de le bailler avant que entreismes en la terre saincte. Après marchander vinsmes souper.

Le dix neuf de may nous allasmes une grande compagnie sur le port, pour avoir quelque batelet pour aller ouyr messe en leglise sainct George, car on ny poeult aller sans batteau. Car c'est toute eaue alentour de Venise, et aussy de ladite église. Et la veismes le visaige de sainct Jacques le mineur, et du chief de monsieur sainct George, son bras senestre, le chief de sainct Félix martyr, le chief de sainct Damien, le bras de saincte Lusse, le corps tout entier de sainct Pol martir, le corps de sainct Eustace tout entier, le corps de sainct Cosme confesseur. Tous ces dis joyaux ay veu tout nud et baisies et touchiés mon chappellet ; et fut par ladresche de nostre patron lequel estoit gentilhomme et de la seigneurie de Venise. Et au retour de ladite église rentrasmes en nostre battelet et vinsmes contre nostre nave ou deviesmes aller. Se y montasmes pour retenir une plaiche. Dont à cause que avoie estés aultrefois sur mer, et que savoie ou il faisoit millieur, je retins pour nous deux Jhan du Bos, environ a six pieds près du grand mast. Et après nous en vinsmes souper a nostre logy.

Chedit jour après souper pour passer le tamps, nous allasmes monter jusquau bout du clochier sainct Marcq, lequel est bien hault, cest une tourre carrée. On y monteroit bien a cheval. Quant nous fusmes en hault nous veiismes bien a plain toute la ville de Venise. Elle est plus grande quil ne samble de bas. Nous veiesmes bien a plain la ville de Quiose et se y a vingt chinq mille, nous veiesmes aussy pluseurs ouvroirs sur des maisons de Venise, et aussy des jardins sur lesdites maisons. Dont est quelque chose de plaisant. Car pluseurs femmes y oeuvrent de soye, quant le chaleur est passée. Nous veiesmes aussy les batteaus grans et moyens de toute sorte, lesquels sont autour de la ville, et aussy dedens. Et est est une chose a se emerveiller, et croy quil y en a plus quil ny a de chevaulx dedens Paris, comme pluseurs fois l'avoie ouy dire. Quant nous eusmes assez regardés nous en revismes couchier.

Le vingt de may nous en allasmes ouyr messe en une église qui ést en l'honneur de saincte Lusse, ou nous veismes son corps, son chief et tout, exceptés lung de ses bras que aviesmes veu le jour de devant en l'église sainct George en ladite ville de Venise. Et je vous promets que le temps nous avoit point samblés long. Après che vismes disner.

Le vingt et ung de may, nous prismes une petite nef et allasmes ouyr messe en leglise saincte Helaine ou nous le veismes toute entière et nue, et de la rallasmes sur nostre dit nef ung petit plus avant en leglise de sainct Nicollas ou nout veismes de lobbe dudit sainct, qui a estée apportée du Bar, et aussy veismes son bacton pastoral, et pluseurs aultres beaux joyaux. Mais nous ne les veismes que parmy ung voir de cristal ; et les voit on bien aplain. Et après vismes disner.

L'après disner. Nous allames jouer avant la ville, en passant parmy une église vis ung enffant que on alloit baptisier et le tenoit ung homme. Ledit enfant avoit une huve de fils d'or bien riche. Après que le prestre eult dict les parolles a lentrée de leglise ung aultre homme print l'enfant et le porta au millieu de leglise. Et adoncq dict le prestre quelque oraison sur lenfant. Et fit l'homme quy tenoit ledit enfant par trois fois mettre a genoulx a tout lenfant. Et se lui fit dire le pater noster et le ave maria. Et se saigna l'homme ledit enfant par trois fois. Après vint le prestre jusquau fons. Adoncq ung autre homme prit ledit enfant, et luy donna son nom, et se avoit les noms des deux aultres hommes. Ainssy eult ledit enfant trois noms. Et se ny avoit nulles marines.

Ce vingt deux de may nous allasmes ouyr messe en une eglise audict Venise, ou le corps de monseigneur sainct Rocq est tout entier, mais a cause quil estoit dimenche, et que ladite eglise estoit toute plaine de gens, cuydant que on deult monstrer ledit corps sainct. Dont ne le poueusmes vir. Et nous dict on quant nous y voldriesmes aller sinon que nous estiesmes pellerins du sainct voyaige que on nous le monstreroit. Et adoncq nous en vismes disner.

Le 23 de may nous allasmes juer jusqua la ville de Moran, laquelle est une petite ville, ou il y a des belles maisons. Mais il n'y a nulles murailles sinon le mer quy est alentour, et se passe parmy, et ne est la ville que a demie lieue près de Venise. On y faict tant de voir de cristale que nul ne le croiroit s'il ny estoit. Je en vis faire de toute sorte. Après les avoir veu faire, allasmes ouyr messe en lune des eglises. Quant le prestre eult dit messe on luy apporta des clefs. Adoncq haulcha ledit autel, ou il avoit dit messe, comme se eust esté ung coffre et nous monstra dedens deux cens et huit corps de petits innocens saincts, et le plus part avoient encoire leurs chemisettes ; et estoient entassés par licts dedens ledict autel, dont c'est quelque chose de beau. Nous en fusmes tous resjouis de veoir tant de sy beaux josnes saincts. Après revinsmes a nostre nef. Et adoncq retournasmes disner a Venise. Mais soiez seur que j'avoie bon apetit.

Le vingt quatre de may, nous allasmes ouyr messe en une belle eglise nommée sainct Jehan Nipolle. Ce sont religieux habillés de noir, comme ceux de sainct Dominique. Il y a a latre ung personnaige grant eslevés sur ung cheval tout de queuvre dorés de fin or l'homme et le cheval, assy sur ung beau pillier de pierre bien taillée et riche. Ce semble albatre. Et est la mit·ledit personnaige en mémoire de ce qu'il avait aydiet les Venissiens contre leurs ennemis. Il estoit capitaine et se nommait Bertellemy Coullon, et estoit de Bresse. Au retour il nous fut dit que on faisoit justice et quil y y avoit ung prestre lequel estoit sur ung eschafault pour le mesus qu'il avoit faict. Nos nous hattasmes de l'aller veoir. Il estoit sur ledit eschafault, tout prest du port de la mer les mains liées derrière, et fort liés par les jambes. Et navoit que sa chemise et ses chauches. On lui avoit bouté sa langue hors de sa bouche, et le tesnoit ung petit baston fendu, quil ne le pooit retirer dedens. Son cas estoit sy villain que ne le veulx point mettre par escript de peur que on ne fache ledit cas; mais je veux aussy escripre de la pughnission de ses compaghnons. Ils estoient mariés et se estoient du païs et estoient quatre. On leur coppa les poings et la langue et se leur creva on les deux yeulx. Et fut ordonné mais quils fussent rattachiés, que on les meneroit en ung lieu nommés le Tréal, tous les dimenches tant quils porcient vivre. Affin que on y print exemple. Le prestre devant dit fut bien sept heures sur ledit eschafault. Et se avoit le soleil au dos, quy luy fit grant mal. Après on le mit dedens une grande gayolle tout de fer, et fut tirés amont dune tour, bien cens pieds de hault. Il nous fut dit qu'il seroit la trois mois au pain et a l'eau bien escarsement; mais je vous promes quil eult des cousins, car il eschappa environ quinze jours après, car je vis le gayolle depuis en bas de laditte toure. Et vis comment on avoit detachiés les grosses bendes de fer, et aussy soyez les barres ou laditte bende de fer estoit clauée. Toutesfois cestoit celuy que avoit faict plus grant injure au créateur et aussy a sa mère. Sans plus espelir. Nous estiesmes bien maris du mesus.

Le vingt chinquième de may nous allasmes ouyr messe a une religion de femme nommé leglise sainct Zacharie ou je veis le corps dudit sainct tout nud et le corps sainct Theodore. Et estoient les deux corps dedens l'autel derrière le cœur. Je veis encore dedens ung autel trois corps saincts tout nuds. Sainct Archilles, sainct Nerée, et sainct Pancrasse. Je vis aussy dedens un aultre autel le corps de saincte Sabine aussy tout nud, et tout en le mesme église dudit sainct Zacharie.

Le après disner je fis faire ung coffre lequelle estoit de Chipres pour mettre mes provisions dedens, et aussy pour couchier dessus. Car il avoit sept pieds de long et aussy fit mon compaghnon Jhan du Bos, pour faire le cas pareille. Helas ce fut son luyzeau entre Cypre et Rodhe de retour, comme pores ouyr cy après. Et nous cousta chascun coffre 9 marssel quy vallent 60 gros chascun; et se acheptames chascun ung lice nommés matras, qui nous cousta chascun sept marssel et demy que vallent cinquante gros. Pareillement acheptames chascun une paire de lincheulx de huit marssel qui vallent a nostre monnoie 53 gros et demie. Il y eult ung frere mineur que me pria que luy achetache ung coffre, et lui en trouvay ung que avoit estés une fois au voyaige et nen paiay que 40 gros. Helas ce fut son luyzeau devant Jafe de laller. Comme pores savoir quy voldra lire plus avant.

Le vingt sixième de may. Nous allasmes pour ouyr messe en une église de sainct Augustin, et sont religieux noir vestu. Dont a lung des coings de ladite église y a une petite chapelle ou il y a ung crucifix, lequel faict pluseurs miracles. Il y a des personnaiges de chires et aussy tant de dons d'argent, de nappes de linge que c'est merveille. Il nous fut dit de pluseurs gens de bien que au lieu on y solloit pissier en passant ou repassant, mais pour destourber on y fit ledit crucifix lequel est maintenant bien honorés. Et est quelque chose de beau dy estre. Après che vinsmes disner.

Le après disner nous allasmes juer avant la ville et fusmes en une rue ou il se faisoit tout plain de soye et de la a une aultre ou affinoit le cotton, et de la a une autre rue tous ouvriers de artillerie et de bachins de queuvre et toute ferraille. C'est une chose inestimable dy estre. Car ils sont fort sorty de che qu'ils se meslent.

Le 27 de may nous allasmes ouyr messe a une petite eglise ou il y a ung sepulcre faict a la samblance de celuy de Hierusalem et est bien beau et devot. Et est tenant le port non point devant le plaiche sainct Marcq mais est devant ou les batteaux sont ; il n'y a que le cauchie entre deux. Et après disner nous allasmes veoir ung lieu audit Venise nommés le larssenacle. C'est ung lieu qui a bien une lieue de tour et est fermee de muraille alentour. Exceptés le merquy entre dedens, mais il y a une porte forte barree. En ce lieu y a tous les jours ouvrant plus de trois cens ouvrirs, faisant d'aulcunes grandes naves et moyennes et d'aultres des gallées. D'aultres des engiens, d'aultres des brigandines, des poures, des canons, des boulles ; c'est une terrible chose de veoir les armures que sont en des grans greniers que y sont, nul ne le croiroit sil ne le veoit. On ny entre point sans adresse. Nous aviesmes deux trussement de nostre pais. Toutesfois il nous coutta chacun du mais trois patars. Je ne voroie point pour ung ducat que je leusse point veu, car je croy qu'il n'est point de pareille chose au monde.

Le vingt huit de may après avoir ouy la messe nostre patron nous fit demander se nous volliesmes aller en sa nave pour essaier de son vin, dont respondismes que yriesmes trestous. Et y menasmes vingt pellerins tous nouveaux venus de leur pais. Quant fusmes a ladite nave on nous mit une table bien longue tout couvert de bon biscuyt sentant le chucre, et aussy le pain despiche. Et se y avoit largement oublie. Et busmes bonne malvoysie autant quil nous pleut. Et affin de nous resjouir jouerent les clarons et trompettes que nous reveuillerent le couraige. Le patron fut fin de faire cette largesse, car pour le cause y eult plus de trente pellerins que y retinrent leur plaiche. Dont depuis se repentirent bien, car nous eussiesmes eult millieur marchiet a ung aultre patron nommés Marcq Anthoine, et mieux traictiés de viande, car nous fusmes depuis comme pores ouyr nourri a la fourquette. Après che banquet revinsmes a la ville de Venise.

Après avoir la estés conclumes dix ou douze de aller après souper sur le rivaige nommés le Réalt, pour avoir une barcque pour aller passer le tamps à la ville de Padue. C'est ou sainct Anthoine de Padue repose. Dont partismes nous quatorze, après ledit souper et estoit vingt quatre heures que font à nostre païs huit heures, dont lung marchanda et entrasmes dedens laditte barque. Il estoit jour failly quant vinsmes au port, ou il y a chinq mille de Venise e la fault la mer, et fallut tirer nostre barque a forche d'engiens en haut sur une crette. Mais on avoit avalles ung grant traineau lequel on avoit boutés dessoubs ledit barque, et y avoit gros haves de fer quy lagrippoient ; et aussy comme est dit tirrasmes tous ensamble, et soubit quelle fut a mont le boutasmes dedens une rivière que a environ chincquante pieds de large, et compte on depuis ledict port jusqua Padue 22 mille.

Mais on vat contre eaue. C'est tout plain païs alentour de ladite rivière. Et y croyt bons bleds et près.

Et y a des arbres nommés mouriés blancs, dont les païsans vent les foeulles desdis mouriés pour nourir les vers que font le soye. Et en font dans che quartier la tant dargent que c'est merveille, car quant les pauvres viers ont fillet tant, quils sont tous enclos de soye, ils les font morir au soleil. Ad cause que sil attendoient plus lesdis viers seroient trop puissant, car ils trauroient leur soye, et sen volleroient, et pourtant ils ne les gardent que environ quinze jours de la saison que fillent ; mais retiennent environ trois ou quacens des josnes, et les mont en ung cofre jusque à l'autre estés. Et ne leur fault donner riens a mengier jusquau dit an.

Nous vinsmes audit Padue lendemain vingt neuf de may entour six heures de nostre païs. Dont allasmes ouyr messe en leglise de sainct Anthoine de Padue, laquelle est belle et riche. Après que eusmes ouy la messe, on nous monstra le chief dudit sainct, et pluseurs aultres dignités, lesquelles estoient bien richement enchassés en bericle de cristal que on voit bien aplain et sestoient enclos dor et dargent.

Le corps dudit sainct Anthoine est en ladite eglise, mais on ne le monstre point ad cause que une fois on le monstra a ung cardinal, mais il le cuyda desreuber et aussy le chief, mais il ne scavoit vuider de leglise. Adonc il se recommanda au benoist sainct et rendit tout aux freres. Il y a en lattre ung personnaige de queuvre dorés sur ung grant cheval aussy de meisme; et est pour le victoire quil fit en son tamps. La ville de Padue est forte et grande, et y a de beaus grants ediffiches : ce samblent pallais. Mais la ville n'est point fort peuplée, et sont lesdites maisons vielles. Et croit en la ville du bled et dautres grains, et aussy a tout plain de jardinaiges. Toutesfois ils le renforchent de murailles de bolleverre quy ont bien trente pieds de large. Nous fusmes chierement traictiés au disner et au souper et croy que cestoit pour che que parliesmes la langue franchoise. Ils se vengoient a demy, car ils estoient adoncq franchois par forche.

Lendemain trente de may nous allasmes ouyr messe audit Padue en une eglise de saincte Justine, ou on ragrange laditte eglise de belle taille de pierre bien riche. On nous monstra ou le corps de ladite saincte repose, mais on ne le voit point. Après ce nous en vinsmes disner et après che nous revinsmes au port et rentrasmes tous en nostre barque a l'heure de quinze heures du païs; et fusmes a Venise ainssy qua vingt et une heures. Ainssy appert que nous allasmes bien plus rade que au aller, car nous rallasmes

aval ladite eaue. Il me cousta en me part destre menes et ramenes
et parmy les despens de Padue   39 gros

Le trente et ung et dernier jour de may, après avoir ouy messe
allasmes jouer avant le ville de Venise; mais cestoit ung triumphe
de veoir la marchandise mise avant a chascune maison. Cestoit ad
cause que la feste commenchoit lendemain que estoit le nuict de
lascension. Se cheulx de nostre païs qui n'ont point estés audit lieu
sy fussent trouvés adoncq ils eussent cuydiés estre en fairie pour
le grant nombre de biens qui sy voient. On se fut bien percheut a
leur manière quils eussent estés de dehors, car ils eussent tousjours regardés hault et bas pour veoir ladite richesse, il sambie
quelle ne coute rien.

Le premier jour de juing nuict de l'Ascension nous allasmes
ouyr messe a sainct Marcq, mais je veis venir deux femmes bien
accoustrées, car elles avoient robes de damas, et par dessus les
dites robes ung collet de drap dor, et avoient la poytrine a moytié
descouvers, et soiés seur quelles estoient bien blanches; encoire
avoient une huve faicte dor bien ouvré et large. Dont lesdites
femmes venues en ladite eglise firent bien courte oraison devant le
crucifix, et se retournerent devers les gens, et se assirent afin que
on les vesist. Che sambloient avoir rente, mais toutes fois on les
tenoit pour deux femmes de marchant, et de bonne maison, mais
c'est leur manière de leur monstrer ainssy les bons jours. Car les
aultres jours tout du long de lannée elles sont en une chambre
haulte et leurs filles aussy, mesmes ne vont point a leglise sinon
lesdits haulx jours. Leurs maris en sont si jaloux quy ne les laissent point vuider. Il me samble que les poures femmes sont plus
heureuses en che monde, car elles vont ou bon leur samble. Ainssy
ne voit on que les poures par les rues.

Che mesme jour après disner nous allasmes en ladite eglise de sainct Marcq, ou on ouvrit la table dautel du cœur, dont chascun vit la plus grande richesse pour une table que soit au monde possible de veoir ; car cest tout argent dores, et sur che toute pierrie bien riche. Après on aporta del tresorerie dudict sainct Marcq une partie dont je vis quatorze couronnes de fin or, plaines de pierres bien riche. Nul ne le croiroit sil ny estoit. Oultre il y avoit devant ladite table sur ung passet quon avoit acoustrés et y avoit on mis le chappeau du duc de Venise lequel estoit dor et plain de pierres bien riches. Pluseurs gentilshommes prierent de le veoir. Après il y avoit une ymaige de sainct Marcq eslevés et dargent dorés massis, de le haulteur de quatre pieds, et se y avoit tant de joyaulx si riche que ne poroie l'escripre. Car j'ay intention de veoir le tresor dudict lieu que passera tout.

Le deux de juing nous allasmes ouyr messe, ou je vis encoire de belles brageoires vestues de drap dor et plaines d'aultres riches acoustremens. Et avoient chascun ung fatras de soye tenant en leurs mains, de quoy elles se eventoient, et estoient faictes comme une raquette dont ne cessoient de leur eventer pour le chaleur, et en tant quon disoit messe estoient tousjours assises excepté quant on levoit Dieu, il n'y avoit guerre de devotion. Toutes fois estoient femmes de marchands.

Chedit jour après disner nous vint dire ung trussement que tous les seigneurs de Venise disnoient a leurs pallais, et se nous vollies-aller veoir le triumphe que nous pellerins du sainct voyaige entriesmes dedens. Dont tout dung accort y allasmes bien quarante et vinsmes quils avoient le deuxième mets. Et avoient en lieu du duc ung anchien seigneur qui avoit bien soixante seize ans, et se mengeoit très bien dont chascun prenoit plaisir. On eult volontiers veu le duc, mais il estoit en sa chambre et n'en vuidoit point, car il avoit bien quatrevingt huit ans, et avoit une josne femme laquelle le nourissoit de ses mamelles. Toutes fois il estoit encoire recreatif et tout libéral. Mais ad cause que lesdis seigneurs volloient tenir leurs gravités avoient commis, ledit duc, ledit vieillart en son lieu ledit disner se faisoit au pallais de Venise, comme est dict, en une belle salle bien haulte. Car ceulx que estoient a table voient bien plain la mer, par deseure les maisons. Il y faisoit bien plaisant. Le chiel de ladite salle est dorée de fin or ; et ny a rien de vuit. Chascun seigneur estoit assis sinon a ung rens, et avoient trencheux qui trenchoient de tous les mes quy y furent aportés. Et chascun trencheux servoit quattre hommes, et leurs mettoient sur leurs trenchoirs la viande toute taillée. Dont quant ceulx seigneurs volloient mengier prenoient ladite viande a toute une fourquette d'argent, quy me sembla chose honeste. C'estoit ung plaisir de ouyr les trompettes et clarons. On nous fit asseoir sur beaux bans haulx. Et nous aporta a chascun a boire du bon vin, et forche dragerie, aussy des tartes. Après le disner passer soubit vint quatre hommes et quatre femmes chascun desguisés, lesquels firent merveille de dansser, c'estoit le possible. Ils ont accoustumés tousjours audit Venise de faire che disner d'honneur.

Che jour estoit le jour de lascention. Après avoir estés espouser la mer, que debvoie escripre devant, je l'avoie oubliés, ils vont la matinée une grande compagnie sur une gallée bien richement acoustrée ; et y est le duc ou homme pour luy. Et eulx venus ung petit hors des ports et estant sur plaine mer, le duc ou celuy que le represente comme dit est, il rue dedens ung agneau d'or, en disant : je te espouse comme seigneur de la mer. Et a on veu que lagneau que on ruoit valloit bien cent ducas ; et y salloit tout plain de poures gens bien nageant pour le trouver ; mais par envie il en y avoit que henguoient a noyer celui qui mieulx nageoit. Et pour cause, maintenant on ny rue que ung agneau dor vallissant deux ou trois ducas. Sy ny sault plus nulz.

Le trois de juing après disner pour éviter le dormir ay volu escripre un petit de Venise. C'est que sur le port ainssy que on vient de Rome, il y a deux belles coulombes de pierres grosses et haultes, ou il y a en ce lieu ung lion de sainct Marcq, et sur l'aultre est sainct Théodore. Auprès de la est le pallais du duc qui vat jusqua leglise sainct Marcq, et auprès est le gibet du duc, ou on le penderoit sil offensoit. Che sont deux belles coulombes bien taillées. Che semble albatre. On mettroit une barre sus, et la seroit attaché le poure duc. Ainssy que au millieu de la devanture dudit pallais sont deux belles coulombes rouges. C'est ou on pend les seigneurs dudit Venise, quant ils ont offensés. A l'endroit desdites deux coulombes sur le chaucie de ladite plaiche, on me monstra une grande pierre ou il y a deux agneaux de fer pour le lever quant on voeult faire justice des fils de bourgeois, affin que on ne les voie morir ; on lieve de nuit ladite pierre, et les rue on dedens une fosse ou il y a tout plains de picques et javelines deboult. Et soubit ils sont mors, car ce sont fers bien tranchans. Et aussy se garde ung chascum de offenser et mesme on nose jurer.

Le quatre de juing ay vollu aussy passer le tamps de escripre. C'est que au portail sainct Marcq au letz de la plaice, y a pluseurs belles coullombes bien riches. Et sur ledit portal, a quatre chevaulx de queuvre dorés de fin or. Lesquels sont aussy hault que ung cheval de quinze paumes. Ils sont la assis, en mémoire quy fut ung empereur non crestien, lequel vint devant Venise, et se vantoit quy feroit establer des chevaulx de leglise sainct Marcq ; mais au contraire son fils fut pris des Venissiens et conquirent tout et ainssy furent faicts lesdis chevaulx en mémoire.

Le cinquième de juing ay vollu escripre de la couverture de ladite eglise de monsieur sainct Marcq, laquelle est de plomb faicte a la manière de pluseurs pommes, car il y en a chinq. Il y a aussy dedens leglise le pierre dont Moyse fit saillir leaue. Et se y a tant d'autres choses nouvelles que c'est merveille à la regarder.

Le six de juing nous allasmes ouyr messe en une eglise nommée le y Crochezierre, et la nous monstra on le chief de madame saincte Barbe fille dung cousturier, et ledit chief le vis tout nud. Et se nous dict on que son corps estoit encassés en bas dung autel que estoit la. Après on nous monstra dedens ung autel le cuisse de sainct Cristofle vray martir. Vray Dieu qu'il estoit puissant car losse est plus gros que le cuisse dung bien grosse homme a toute la chair. Aussy je vis dedens ledit autel trois chief tout nuds de trois corps saincts et les osse de quatre aultres corps saincts. C'est une noble chose de veoir che car tout est certifiet par les papes chy devant.

Au retour de ladite eglise passames parmy une petite eglise laquelle est bien belle et de riche pierre et est toute dorée deseure. Elle se nomme nostre dame des miracles. Il y a tant de personnaige de chire que c'est merveille, et sont quasy autant de persounaiges eslevés faict de bos et bien paint et sont la mis pour les grands miracles que la belle dame y faict journellement.

Le sept de juing nous allasmes ouyr messe a sainct Marcq, dont on nous vint dire que on yroit monstrer le tresor de Venise. Dont ouymes messe a loysir. Tant quon eult mis ledit tresor en ordre, et après on ouvrit trois huis adoncq entra on dedens. Mais il y avoit une belle boutterie. Je attendis tant que une partie de la presse fut passée. Adoncq choisy ung coffre de costés se trouvay le manière de monter dessus pour veoir tout a mon ayse. Adoncq je vis les quatorze couronnes de fin or devant dictes plaines de pierres précieuses. Et aussy le chappeau du duc que est bien riche, comme il est escript devant. Il nous fut dict en la présence de pluseurs gens de bien que ledit chappeau valloit plus de trois cens mille ducas. Après je vis ung calice qui est bien hault de deux pieds et demy tout de fin or ou on consacre et est bien richement ouvrés. Je vis aussy ung cat mahieu sy bien ouvres que samble ung pot pour boire lequel prisent fort. Je vis encore une emeraude laquelle est comme une escuielle profonde a mengier quelque soupe. Aussy je vis une turquoise aussy grande et faicte a la samblance de leme- raude dessus dite. Je vis aussy une grenade faicte comme ung petit chauderon. Aussy je vis quatre escarboucles bien reluisantes. Aussy je vis six belles gattes comme une tellette, et estoient lesdites gat- tes de riches pierres nommées agathes. Aussy je vis trois pièches de lycorne, l'une estoit blanche, et avoit bien quatre pieds de hault ; les deux aultres avoient bien six pieds ou mieulx. Ainssy lesdis joyaux, comme ay escript, c'est ce que on nomme le tresor de Venise. Car on prise tout cela quil n'est point possible de trou- ver le pareil. Et pourtant quil ne le veult croire sy porte des escus. Et on luy fera bonne chière, mais qu'il eusist bon apétit.

Le huitième de juing nous deux mon compaghnon Jhan du Bos allasmes achepter nos provisions pour mettre en nostre nave.

Premier acheptasmes dix livres de bure que fismes fondre et saller, car aultrement il ne se garderoit point, dont me cousta en me part 16 gros 4 den.

Item. Une livre, onze onche de chucre dont porte en ma part 10 gros 8 den.

Item. Deux livres chinq onche et demy de chiros rosa et aussy violet que porte en ma part 16 gros 8 den.

Item. Onze livres fromaige permisan a 7 marquet le livre porte en me part 20 gros 2 den.

Item. Six onche de chucre candit dont porte en me part

4 gros.

Item. Cinq livres de pronneaux en me part   3 gros 4 den.

Item. Deux livres de dades porte en me part   3 gros 4 den.

Item. Deux livres de rosin de Corinte en me part   8 den.

Item. Huit onche et demy de songnie pour esclarer en nostre nave de nuict pour dire nos devotions ou pour faire nostre couverture dont porte en me part   3 gros 8 den.

Item. Quatre livres de saucisses de boulleny, pour ma part 8 marquet et demy vallent   9 gros.

Item. Deux langues de boeuf pour me part   7 gros 4 den.

Item. En vin pour boire entre deux heures en nostre nave pour me part   28 gros.

Item. En biscuit aussy pour mengier entre deux heures pour ma part   13 gros 4 den.

Item. Une serviette, ung trenchoir, deux pots, une telle et aussy des estries de bos pour che   9 gros.

Item. Pour me part dung tonneau pour mettre de leaue doulche, pour mettre en mon vin et parmy le voiture de le mener en nostre nave vingt marquet que vallent à nostre monnoie 13 gr. 4 den.

Aussy porte la provision 7 livres 18 gros et demy.

Pour les neuf, dix, onze journées de juing je ne escris sinon que je fus veoir auprès du port de Venise une plaiche contenant 60 ou 80 pieds de long. Tout alentour sont greniers plains de farines mollue. Et sont lesdits greniers comme une hobette de sept a huit pieds de large mais elles sont bien haulte bien de vingt pieds. En y a chinquante huit que a ung letz que a l'autre. Et sont manniers qui

8.

vent ladite farine a chascun qui a de largent. Et le vendent au pois, car ils ont chascun ung tranneau a le peser et sil sambloit a aulcun de ceulx qui aroient eulx de ladite farine que leur poix ne fut point bon, il y a a lentree de lissue de ladite plaiche ung tranneau establit de par la seigneurie pour regarder ce cheluy a son poix, et se fault y avoit che seroit pour la vie dudit vendeur. Et pourtant chascun se garde.

Le douzième juing quy estoit le jour de la Penthecouste nous allasmes ouyr messe a sainct Marcq, dont je vis faire ung gros triumphe, car il y eut ung cardinal qui y dict grande messe, lequel estoit arrivés la deux jours devant. Le trésor de Venise estoit mis sur le autel, comme il avoit estés le jour de lAscension. Il y fit beau veoir les serimonies. Après la messe dite, donna a chascun l'absolution ; ledit cardinal estoit venu a un capitle général que se faisoit cedit jour, de l'ordre sainct Augustin ; et en estoit ledit cardinal, et se portoit une longue barbe, che sambloit ung hermite.

Le treize de juing que estoit le lendemain de la Penthecouste, nous allasmes ouyr messe en leglise de sainct Antoine et la vis le chief de sainct Sisseste pape et martyr tout nud, et le chief de sainct Jean l'aumonier ; et le jambe de Hieremie le prophète aussy tout nud ; et tant daultres reliquaires que estiesmes tous esbahis den tant veoir.

Le quatorze de juing nous fusmes en leglise se nommée sainct Hieremie et la vis le corps sainct Maing evesque lequel estoit entier et tout nud, et nous fut dit quil avoit fondés huit églises, aussy je vis lung des bras de sainct Bertellemy, et le bras et le maing de sainct Adrien, dont fusmes bien joyeux.

Chedit jour après disner nous fusmes juer avant les eglises ou nous n'aviesmes point estés encore. Dont assez près de celle de dessus nommée. Je vis le corps et le chief de sainct Simeon, et tout plain d'autres ossemans tout nuds dedens ung coffre.

Après nous fusmes en leglise de saincte Clare ou je vis lung des clos de nostre seigneur tout nud, lequel fus bien joyeux de le baiser. Ledit clau a bien dix pauch de long et est bien et beau forgiet; il est carrés et est le tiest grosse a pointe de dyamant et est aussy le pointe dudit sainct clau est grosse et croy que les villains juifs le fireut à propos, il me sambla encore rouge du sainct sang. Je le regarday bien longuement, car on nous hastoit point ad cause que nous estiesmes pellerins du sainct voyaige. Et nous donnat a chascun deux ou trois chandelles de chire petitte de la longueur dudit sainct clau. Après on nous monstra de la saincte coulombe ou nostre seigneur fut battu. Elle samble estre de jaspe rouge. Il en y avoit bien aussy grosse que ung gros oeuf.

Après fusmes en une aultre eglise des seurs grises réformée ou je vis le bras senestre de sainct Andrien, los de la jambe jusque au genoulx de sainct Bertellemy et le bras de saincte Marie Cléophe, et pluseurs autres ossemens de saincts et saintes dont nen scay le nombre.

Après nous allasmes en leglise sainte Marthe, ou je vis se main dextre et avoit deux agneaux dor en ses dois lesquels dois sambloient encore tout vif. Ce fut ung beau joyau lequel nous donna grant dévotion. Car les dames qui lont en garde laportèrent chantant bien gentillement et avoit que portaient de beaux flambleaux de chire blanche et se chantoient aussy, dont je croy que ny eult nuls de nous que ne ploura de joie.

Après nous allasmes a leglise de sainct Gabriel et la vis le corps de saincte Nichette et los du bras de saint Anthoine abbes, lequel estoit enveloppé dedens ung queuverchief. Dont quant on nous le monstra ledit queuverchief estoit ensangnetes. Et nous fut dict des seigneurs de leglise que ledit osse sagne tousjours ainssy. Aussy je vis le tiers de la teste de saincte Marguerite aussy large que ma palme.

Après en leglise saincte Bazille je vis le corps tout entier et nud de sainct Pierre le martir. Et se vis le corps de saincte Constance de Ravesnes aussy. Ainssy fusmes cette dite journée en sept eglises les six après disner. Dont nous sambla point longue. Toutesfois cestoit le deuxième feste de Pentecouste. Dont après vinsmes souper et eusmes assez a faire a racompter a ceulx que ny avoient point estés.

Le quinze de juing, nous allasmes ouyr messe tous les pellerins a sainct Rocq, et fusmes bien cent et quarante pour ouyr une belle messe que nostre patron y fit dire, et diacre et sous diacre. Et quant ce vint que celuy que disoit messe et qu'on eult chanté levangille, il nous fit un beau sermon. Et nous monstrat que nous fussiesmes bon et léal a lung et lautre. Et aussy que nous nous mettiesmes en bon estat, car nous alliesmes a le misericorde de Dieu, et en tant que lon faisoit ledit sermon chascun alla petit a petit veoir le corps de sainct Rocq; lequel est deseure ung autel dedens une chappelle auprès dela et nous donnat a chascun une chandelle de cire blanche que pesoit environ demy quarteron. Dont quant vint dans laditte chappelle vis le corps sainct tout entier et nud; et nous touchasmes che qu'il nous pleut. Et après que chascun eult estés veoir le corps sainct, le prestre cessa son sermon et parfit sa messe. Dont après on nous aporta une espine de la saincte couronne de nostre saulveur, laquelle flourit tous les ans, le jour que nostre saulveur morut : c'est le vingt chinq de march. Je la vis toute nue; elle a près de quatre pauch de long. Je eu quasy les cheveulx bruslés dung qui estoit derrière moy a tout une chandelle, car il mettoit toute sa cure a regarder ladite saincte espine. Après nous allasmes trestous a la procession a toutes nos chandelles, et allasmes en leglise des cordeliers que est auprès de leglise dudit sainct Rocq.

Et la vis du sainct sang de nostre seigneur dedens une fiolle : je le vis remuer. Et je vis de la saincte coulombe aussy grosse que avoie veu paravant en leglise saincte Clare. Après je vis le jambe et le pied tout nud de sainct Daniel le prophète. Après ces choses veues nostre patron nous dit que nous partiriesmes deux jours après. Se nous en vinsmes disner bien joyeux. Car nous désiriesmes tous dabreger nostre chemin. Des pellerins que aviesmes estés a ladite messe de sainct Rocq, il ny en avoit en que environ quatre vingt de nostre nave. Les aultres estoient de le nave dung autre nommés Marc Anthoine et sestoient boutés avec nous affin quils veissent ledit corps sainct.

Le seize de juing nous comptasmes a nostre hoste de Venise combien nous luy deviesme ad cause que nous deviesmes partir lendemain. Et trouvasmes nous deux mon compaghnon que aviesmes estés vingt neuf journées, déduit le voyaige de Padue. Dont me compta pour me part 58 marssel et aussy deux marssel que donnay aux chambriers qui montèrent en tout a nostre monnoie
20 livres.

Nostre département de Venise de l'aller.

Ce dix sept de juing après disner nous prismes le restant de nos besognes, que aviesmes encore a nostre logy, et prismes une petite barque pour nous mener en nostre nave laquelle estoit partie du port quatre jours devant pour avoir plus grande eaue. Car elle estoit grande et le chargeoit on fort, pour le cause lavoit on menés chinq mille oultre le port pour estre en plaine mer. Nous venu en ladite nave nous nos trouvasmes trente ou trente deux pellerins. Je fusmes bien courchiés que les aultres nestoient point aussy venus. Car ledit patron avoit dit quon se trouva trestous. Et que sil ny venoit adoncq pour partir que il habaudonnoit les vivres qui estoient en la nave. Car il nous avoit abusés de huit jours; et sestoit obligies de partir le dixième de juing en paine de chinq cens ducas; et pourtant nous en volliesmes aller nous plaindre a la seignourie; mais on nous dict que nous nen ariesmes aultre chose, et quils ont accoustumes de ainssy mentir a le fois de trois semaines. C'est pour avoir largement de poures pellerins. Nous que aviesmes longuement estés a Venise desiriesmes de exploitier, et se jeusse sceu leur manière jeusse bien eulx meilleur marchiet de chinq escus au solleil a ung aultre patron nommés Marcq Anthoine. Quant nous eusmes estés en ladite nave environ trois heures, nous demandasmes aux mattellos qui estoient la quy nous donnassent a souper; mais ils respondirent que navoient pas les clefs. Il nous fallu avoir pacience a cause que ne estiesmes point les plus fors et mengeasmes chascun de nos provisions et y couchasmes.

Lendemain dix huit de juing il y vint encore huit ou dix pellerins. Et adonc demandasmes a disner ausdis mattellos, et nous respondirent comme devant. Se nous fallut encoire avoir pascience et au souper pareillement et se y couchasmes pareillement.

Lendemain dix neuf de juing qui estoit le jour de la Trinité, nous commenchasmes fort a courchier a cause que nostre patron nalloit ne venoit, et que perdismes aussy notre tamps, car nostre nave estoit ancrée, et se y amenoit on tant de marchandises que cestoit merveille de veoir les fardeaux et se avoit on amenés tous les jours plus de quinze jours devant, je neusse point penset quon ny eult peut boutes le quart. Il y eult de nos pellerins qui se tennerent et s'en retournerent a Venise sur les batteaux que avoient admenes de la marchandise en nostre nave et allerent a nostre patron pour cuydier ravoir leur argent ; mais ils n'avoient garde et adoncq nous qui estiemes demourés parlasmes très bien aux mattellos en disant que nous ne vouliesmes plus despender nostre argent. Adoncq lung demanda se nous volliesmes bien mengier de la char de porcq que en ariesmes assez et aussy de biscuyt et vin. Dont respondismes que ouy et adonc nous aportat du potaige de mil garni de saffre et se eusmes dudit lart tellement que mengeasmes notre sol, loe soit Dieu ! Je my employay bien, car javoie grant faim et aussy fis-je au souper.

Lendemain vingt de juing nous mengeasmes de la bonne chair de boeuf et bien appointie en hoscepot. Car nostre patron lavoit envoyet ad cause que cheulx qui sen estoient retournés luy allerent remonstrer comment il nous abusoit. Il leur fit faire ung beau bancquet et leur dit qu'il nous traicteroit mieux que patron n'avoit fait passés chincquante ans ; mais il menti comme on pourra le voir cy après. Ledit patron fit aller sonner sa trompette avant la ville pour signifier que tous les pellerins que avoient marchandes a luy que sen allassent en sa nave. Adoncq ceulx quy estoient encoire a la ville de Venise furent bien joyeux. Il y avoit environ vingt pellerins de Hongrie et aussy des Poullenois lesquels eussent bien voulu attendre a partir jusqua lendemain du sacrement ad cause que fussent aller veoir la procession, comme on a tous les ans de coustume et fut le plus poure homme du monde puis quil vat au sainct voyaige les seigneurs de Venise luy font cet honneur que le mont au dessus et pourtant eussent cheulx de dessus nommés volontiers braguier a tout leurs chaines dor ; car ils en avoient de belles. Nous aultres ne demandiesmes que a faire nostre voyaige.

Le vingt et ung de juing au point du jour nostre patron vint. Dont priesmes plus de couraige que devant ; mais il ne faisoit point de vent. Il nous fit donner a chascun de le Malvoisie pour desjeuner comme le coustume est. Et adoncq le cuisinier avec ses compaghnons nous appointerent a disner. Car adoncq nous nos trouvasmes bien cent pellerins, et se y avoit huit ou dix marchants qui avoient largement marchandise pour le ville de Rhode ou aultres et se y avoit bien quarante serviteurs du patron, comme carpentiers, matellos, trompettes, barbiers de ladite nave. Et ainssy que la moitié de nos pellerins aviesmes disner, car nous ne poviesmes disner tous d'une fois, car il eult fallu avoir longue table. Se nous falloit faire par trois fois disner, les serviteurs et mattellos estoient la darraine. Et ainssy que le deuxième tablée cuydoit aller disner vint ung vent lequel nous estoit bon. Adoncq fut ung triumphe de ouyr ces poures mattellos crier de joye en tirant leur ancre, lesquels eurent beaucoup de paine, car il y en avoit quatre bien grandes. Quant elles furent hors de la terre, ils deploierent trois des voilles et firent leurs oraisons, comme ils ont accoustumés. Donc ils voeullent partir, mais je vous promets que sambloient chiens quils voillassent ; car on n'entens rien que dissent. Après leurs oraisons faite des trompettes et clarons jouerent que sambloit que deussent tout rompre. Je disnoie adoncq, mais je ne scavoie que faire de joye, tant desiroie desploitier. Le vent ne dura que environ deux heures que se retourna. Se nous fallut racler tout ledit jour.

Le vingtdeuxième de juing environ le point du jour le vent revint bon. Adoncq retirant lesdites ancres et desployant quatre voilles, dont quant ouy le bruyt sailly hors de mon lict vins veoir se nostre nave alloit, et vis le train, le vins dire a mes compaghnons.

Dont chascun loua Dieu de joye. Et dura environ ledit vent trois heures. De quoy nous fismes possible environ dix mille. Après le vent sacoisa que ne bougiesmes point. Dont fusmes bien eshabis, car la mer estoit aussy quoye que eaue croupant. Et quant après disner nous nous advisasmes de chanter tous ensemble la litanie, pour prier Dieu et les benois saincts que nous vaulsist aydier. Et soubit le vent crut et commenchasmes a aller bien radement, tellement que a lheure de souper aviesmes fait bien quinze mille, et se fismes bien le nuict trente mille, dont chascun estoit bien joyeex. Je croy que fut miracle.

Ce vingt-trois de juing, qui estoit le jour du Sacrement je me levay des le point du jour et estoit encore le vent bon. Je pensasmes trestous d'aller ouyr la messe a la ville de Parensse et veoir la procession; mais le vent cheut, et fallut que nostre patron nous fit apointier a disner. Toutesfois il n'en faisoit point son compte; et quant vint après disner ad cause que n'alliesmes plus il fit quatorze mattelos entrer dedens ung batteau lequel estoit loiés a nostre nave et les fit rimer pour cuidier mener nostre dite nave; mais a grant paine le faisoient il remuer; et fust constrainct nostre dict patron nous faire apointier a souper. Toute le après disner vismes pluseurs grands poissons, comme des dolfis, des malsuyns et des saulmons que salloient bien hault que estiesmes emerveuillies. Quant vint ainssy que solleil fut esconses, vimes les feus que on faisoit a Parensse et aussy alentour, car il estoit le nuict de monseur sainct Jehan. Et quant vit ainssy que a jour, fallu le vent commencha a croistre, se nous allasmes couchier en nous recommandant a Dieu.

Le vingt-quatrième de juing jour sainct Jehan le vent cheut sur

9.

le point du jour; mais nous estiesmes passés Parensse et estiesmes a quatre mille près de la ville de Rubine, donc ancrasmes nostre nave. Ladite ville de Rubine est dix mille oultre ladite Parensse, dont on compte de Venise cent mille. Ainssy aviesmes fait adoncq cent et dix mille. Nous deschendismes de nostre nave et entrasmes dedens les deux petits bateaux qui suivoient nostre nave et petit a petit on nous mena en la ville, du nous fusmes bien traicties et a bon marchiet milleur que a Venise. Je conseilleroie bien qui auroit devotion dy aller de la accater ses provisons, comme pain, chair, vin ; mais il faudroit accater a Venise les barils ou boutelles. Après disner nous allasmes ouyr vespres a leglise laquelle est sur une haulte roche. Et la vismes le corps de saincte Eupémie vierge et martyre, et je vis le chainture quelle portoit, laquelle est comme une chainette et a bien quatre ou cinq aunes de long. Il fault dire quelle le entortelloit deux ou trois tours autour d'elle, comme ils ont le fachon de faire au païs. Je vis aussy ung agneau dor quelle portoit, il ne pesoit guerre, il est bien grant : il fault dire quelle avoit gros dois. Après ces choses veues vinsmes souper et après conclumes de revenir couchier en nostre nave. Je fusmes environ douze que vinsmes. Ung petit après je ouy quelcun quy estoit dedens le mer qui se noyoit. Je courru veoir quy cestoit, et criay aus mattelos quils baillassent a celuy une corde pour luy aggripper. Mais on me dict quil n'aroit garde. C'estoit lung de nos mattellos lequel y estoit sailly, ad cause que nostre patron le volloit faire battre. Il fut ahert par les cheveulx et tirés hors de leaue et puis fut menés devant nostre dit patron. Il fut devestu et eult trois coup de corde parmy les rains autant que nostre pillot peult frapper et fut ad cause quil avoit muschié la robe de lung de nos pellerins, et avoit intention de la desreuber. Pourtant fut il pugny et se on ne leut retires il se fut noyes.

Lendemain matin vingt-cinq de juing nous vuidasmes nous six de nostre nave, et prismes une de nostre petite barquette qui sieult nostre dite nave et nous fismes mener a une religion près de la assise sur une roche au millieu de la mer. Et y sont seize religieux cordeliers et se nomme leur monastère de sainct Andrieu. Celuy qui nous y mena nous dit qu'il iroit quérir des aultres pellerins en tant que oriesmes messe. Et quant eusmes ouy nous allasmes veoir leur lieu. Ils ont ung petit jardin ou ils ont seme aulcune besongnette entre les pierres; et l'autre circuit sur ladite roche sont olliviers et aultres arbres portant comme freses, et se y a pluseurs grenadiers. Tout ledit lieu est umbrac a cause des arbres quy y sont. Ledit lieu contient en tout environ trois bonniers de terre, et est tout au milieu de la mer comme dit est. Les pouvres religieux nont aultre sustance sil ne vont querir a tout ung battellet ou se on ne leur emporte. Quant nous eusmes bien tout regardés et que vismes que nostre barquette nous estoit point venu requerir demandasmes ausdits religieux sils navoient que mengier, auquel dirent quils nous bailleroient vollentiers de leurs biens. Ils nous firent du pottaige blanc comme laict, et y avoit dedens comme des pommes becques. Il m'en fut bailliés dedens une tellette de terre assez pour deux bouviers; mais je n'y laissay rien. Loés soit Dieu, javoie bon apetit. Nous eusmes du biscuyt bien brun et bien dur et du vin blancq bien petit, et se eusmes du poisson ung petit, lequel estoit menu, refri a lolle et se eusmes deux oeufs quils avoient tant seulement, lesquels laissasmes mengier a lung de nos compaghnons, car il estoit dangereuse des aultres biens. Helas le bon seigneur de quoy je parle morut au retour du sainct voyage entre Chypre et Rhode. Nous aultres mengeasmes très volontiers desdis biens. Je scay bien que je en vuiday tout rond. Nous donasmes che que nous pleut aus religieux et nous remerchièrent. Après il y eult ung des religieux lequel nous ramena dedens nostre petit batteau oultre la mer, et nous mit sur terre pour nous en venir en la ville de Rubine devant dict, ou nous aviesmes laissiet nos compaghnons. Il y avoit deux mille de chemin. Nous trouvasmes entre les roches et pierres tout plain d'olliviers et ainssy que au milieu du chemin de belles vignes bien fertilles et se y avoit largement romarins et grenadiers. Et en approchant laditte ville, vismes tant de singalles qui chantoient sur lesdis olliviers que c'est chose pour se emerveiller. Elles sont comme une grosse mouche et en y en a tant que on oyt aultre chose. Il y eult un valton en la ville quy tenoit une desdites mouches en sa main, et se chantoit sy hault qu'on l'eut ouy de quatre cent de long. Je lui demanday et chanta ladite mouche en ma main comme devant. Nous venus a nostre logy, on nous dict que après souper que chacun se retira en nostre nave, et que au plaisir de Dieu nous nos partiriesmes le nuict : dont chascun sapresta. Toutefois nous nestiesmes point tennes en ladite ville. Et y eult on volontiers sejournés, car se sont bonnes gens et gentilement accoustrés. Le païs de la entour se nomme Hystrie ad cause de Hester qui fust la menés pour le cuyder mestre en exil. Il y a pluseurs chappelles auprès de laditte ville de Rubine et y faict bien devot et plaisant de aller de l'une a l'autre, car se sont tous olliviers a l'entour. Il y a en cedit quartier granment de boyteux et de boyteuse. Et disent que c'est ad cause que le païs est mal onny des monts et des vallees quy y sont ; mais il est bon et les gens bons comme dict est. En deux jours je y fis grand chiere, et ny despendis que de nostre monnoie   10 gros 8 den.

Le département de Rubine de l'aller.

Le vingt-six de juing ainssy qu'au point du jour, on tira les ancres et dreschant nos voilles et puis les déployant et commenchasmes a aller, mais il ne faisoit pas grand vent et se laviesmes de cotes, ce fusmes tout ce jour et aussy le nuict environ tant seullement trente mille.

Le vingt-septième de juing au matin le vent estoit encore de cotes et dura jusqu'au disner, ou nous fismes environ dix mille, et soubit le vent se retourna tout le contraire, et nous mena sur le main dextre plus de vingt mille qu'on n'en povait estre maistre, car on ne povoit ancrer en ce lieu qui est a lendroit du commenchement du païs d'Esclavonie. Et soubit que le nuict vint, nous en allasmes tous couchies, en nous recommandant a la garde de Dieu.

Lendemain vingt-huitième de juing au matin, nous fusmes bien esbahis, car nostre nave estoit a l'endroit du elle avoit estée le jour de devant et se aviesmes estes tous estones des mattellos toute la nuict, ainssy qu'ils avoient courru et racourru pour eviter le dangier de périr, car le vent estoit fort grant. Il y avoit deseure nous quatrevingts moutons que nostre patron avoit achetés en la ville de Rubine devant dite, et estoit pour nous mengier; mais les poures moutons ne firent que toute la nuict que piétiner et crier, ad cause que la nave branloit ainssy. Je croy que ce fut adoncq que fusmes ainssy recullés. Che fut a l'endroit de une petite isle qui est en la mer que contient environ trois bonniers de terre ou neuf razieres. Il n'y habite personne, et quant vint environ le disner le vent se amenda ung petit et passasmes ladite isle, mais non guerre loing, car nous le veismes toute la journée; quant vint le soir que on vit quy ny avoit point d'amendement, ung chevalier de Rodhe que estoit en nostre nave dit qu'il seroit bon de promettre de aller veoir nostre dame de Fillerme mais que nous fussiesmes arrivés audit Rodhe, et lui faire quelque offrande de ung chierge de chire, ou quelque joyaulx d'argent. Dont on appela ung cordelier docteur pour le remonstrer lendemain aux pellerins dans quelque sermon, auquel il se accorda, et allasmes couchier en nous recommandant a Dieu et a sa mère.

Le vingt-neuvième de juing au matin nous perchumes encoire laditte isle. Toutefois les mattellos et les moutons nous avoient tous estonés le nuict. Il nous fut dict que on rua chedit jour trois moutons en la mer pour ce qu'ils estoient morts. Ce ne fut que de paine que avoient eut les poures bestes a tant pietiner. Comme j'ay dict devant, le cordelier, quant chascun fust prest y fit ung beau sermon en latin, en remonstrant le dangier ou nous poiesmes estre. Et que en donnant quelque chose pour faire oblation a la belle dame qu'elle nous poroit bien ayder. Après le sermon dit messe, dont chascun l'ouyt de courage. Après ung de nos trussemans prit une tasse pour scavoir qui voldroient donner. Et en y eult qui donnerent quatre sols tournois ; et quant vint a moy et que eux donnet ce qui me sembla, luy dict que aux engles leur falloit dire en engles et aux allemans en allemant et as aultres langues aussy. Et de leur advertir mais que on fut a Rhode que on concluroit qui porteroit ledit don. Ledit trussemant par orgeuil mit ladite tasse sur ung buffet, et dit quil ne scavoit faire. Adoncq quant je vis la manière, pris laditte tasse et allay a chascun, et me donnerent tous. Ung petit gentilhomme me dit que mesisse dedens la tasse deux pieches dor, et que allasse veoir une compagnie de poullenois, qui se tenoient en lung des chasteaux de la nave, cela seroit cause de leur faire donner une pieche dor. J'en y mis deux de mes philippus et allay veoir lesdis poullenois en leur monstrant la tasse a tous lesdis deux philippus ; ils se conseillerent ensamble et puis me baillerent ung beau ducat venissien, et puis m'en revint content, dont trouvay que eulx cedit jour la somme de treize livres de nostre monnoie. Dont chascun me dict que les gardasse tant que seriesmes audit Rhode. Sur le disner fusmes contraincts de tourner nos voilles sur dextre, car nous aviesmes le vent de costes, et fusmes près de Anconne, car nous veismes le montaigne. Toutesfois sur vespre retirasmes sur senestre; et avanchiesmes point granment. Che fut a l'endroit le païs de Hongrie, car nous le demandasmes à nostre pillöt. Les montagnes dudit païs de Hongrie sont sy haultes que on les voidt de quatrevingt ou de cent mille. Ung petit après vollut un suisse estriver que nestoient pas les montaignes de Hongrie, dont guaignay contre luy ung pot de Malvoisie, et puis nous allasmes couchier.

Lendemain darrain jour de juing environ le point du jour firent grant bruit nos mattellos ad cause quil faisoit tempeste, et retirerent deux de leurs voilles, car le vent estoit grant; mais loes soit Dieu il estoit bon pour nous exploiter; et fismes du chemin bien largement en trois heures que ledit vent dura. Après reprit le vent le lieu ou il avoit estes le jour devant. Se naviesmes plus d'espoir sinon que en la belle dame; et quant vint après souper le vent commencha a revenir bon, dont chascun commenchat a faire oraisons. Et après allasmes couchier en nous recommandant à Dieu.

Le premier jour de juillet je mesveuillay ung petit devant le jour; mais je cuydoie estre perdu. Le vent estoit si fort que les mattellos nen savoient estre maistres. Et aviesmes bien faict depuis que estiesmes couchiés cent mille. Et quant vis che me rasseuray, ayant bonne esperanche. Et quant vint lheure de quatre ou chinq heures le vent se tourna de costes si bien fort que les wagues entroient dedens nostre nave. Toutesfois nous alliesmes toujours et passames une pierre grosse qui est au millieu de la mer; de long sembloit une moie de fain. Et environ demie lieu outre nous trouvasmes une grande roche aussy au millieu de la mer. Et encore ung petit oultre une isle nommée Lisselle; et est aussy au millieu de la mer voire et se y faict sy profond alentour que on ny peult ancrer. Et se voit on lesdites roches, et aussi laditte isle bien de vingt mille. Encore cedit jour visme une aultre isle a la main dextre au millieu de la mer, qui dure du long nostre chemin bien trente mille. Elle se nomme en ytallien Pellegoze, et en français se nomme Velluee. Nous exploitasmes sy bien cedit jour que on ne scaroit faire pour ung jour. Nous fusmes heureux de passer toutes lesdites roches et isles de jour, car de nuict y faict bien dangereux, car se on frappoit contre tout seroit perdu ; et pourtant allasmes couchier plus seurement quant les eusmes passés.

Le deuxième de juillet au matin trouvasmes le vent encoire assez bon ; et alliesmes bien rade. Et quant vint environ lheure de quatre heures, nous veismes tant de poissons courir que cestoit merveille et veiesmes bien a plain lesquels estoient pourcheaux nommés marchuyn et aussy les dolfis et saulmons, car ils alloient et salloient sy souvent hors de leaue. Le nochier de nostre nave prit un grant dart, ou il y avoit au boult ung grant fer trenchant a deux barbellons de fer et frappa lung desdis dolfis, mais lung desdis barbellon rompit ad cause que alliesmes sy rade, se ne poiesmes avoir lesdis poissons dolfins. Toutesfois il en sacqua de ses boyaux et en vis. Nous fusmes bien mary de la faulte, car aussy bien morut bien tost ledit poisson. Nous en veismes plus de cent. Il me fust dict de nostre hoste de Venise lequel estoit avec nous et estoit le sixième voyage que faisoit, il dit que aviesmes passés une petite isle nommée lisle de pommes. Et y repaire pluseurs faulcons et est de cottes Lezene et est près de là. Dont le cotte de ladite ville de Lezene baille après toute la prise desdis faulcons au profit de la ville. Il nous fut dict quil y avoit trois ans que celuy quy tenoit cense, prit ung batelet et alla luy quatrième pour avoir desdits faulcons se faillirent de bien lier leur batellet, car il vint un grant vent qui emmena ledit bateau, se moururent ceulx de faim, car c'est tout mer allentour, et y a bien vingt mille jusqua la prochaine terre. Nous exploitasmes fort cedit jour que on nomme en nostre païs nostre dame trouvée. Dont louasmes chascun Dieu.

Le troisième de juillet nous trouvasmes au matin encoire le vent bon, et se aviesmes fort exploitiez la nuict, car nous estiesmes contre la montaigne de Chymera laquelle est bien haulte et longue et est au turcq. Mais les Venissiens le tiennent en payant le tribut. Chedit jour nous exploitasmes fort toujours costiant ladite montaigne de Chymera.

Le quatrième de juillet nous trouvasmes au matin que le vent estoit cheut, toutesfois nous aviesmes fort exploities la nuictie ; et pensoit bien nostre patron de nous livrer au port de Gette devant disner ; muis il luy fallut nous en faire apitoyer ; et ainssy que environ une heure après midy le vent refut bon, et se passames le montaigne de Saffalonie que est aussy au turcq, et de la n'arestasmes guerre que arrivasmes audit port de Gente. Du on compte de la ville de Rubine cent mille.

La deschente a Gente. Commenchément de Gresse a l'aller.

Ainssy cedit jour environ trois heures après disner arrivasmes audit port de Gente, dont y trouvasmes deux galées de guerre aux Venissiens ; lesquels estoient la pour scavoir sy ny avoit nuls larrons sur mer, ad cause que on disoit que Sophie avoit rues jus pluseurs turcqs. Avant que fussiesmes tous deschendus sur terre il estoit bien chincq heures. Nous fusmes tous esbahis de veoir tant de manière de gens : comme albanois et juifz, et aussy de veoir les maisons si poures, car les turcqs avoient estes la il ny avoit point grament et se avoient tous piliés. Toutesfois il y a largement maisons faictes de terre. C'est un bourcq qui n'est point frumés sur le pied d'une montaigne laquel est bien haulte et royde ; et il y a au boult en hault une petite ville fermés. Nous nos mismes dix de une bende pour avoir logis ; mais Dieu scait quel tabernacle nous trouvasmes et quel maignaige. Nous baillasmes argent a lhostesse pour nous acheter de la char et aultres choses, voir pour signe, car ils parlent tout grecq. Après avoir beut chacun une fois ou deux en attendant que le souper fut prest allasmes juer avant ledit bourcq. Dont vismes oprime merveille, car les forgeux de cloux et de fer de chevaulx sont forgeans emmy les rues, et sont assis sur la terre, comme ung cousturier est en nostre païs ; ont lesdis forgeux une petite pierre de quoy ils mont du carbon contre, et font la du feu. Ladite pierre a environ deux pieź de loing et ung pied de hault. C'est leur contrecœur elle est trauée au millieu, et ont une petite buise de fer et deux peaux de cuir liée a ladite buise sans estre couzue a ladite peau, dont il y a quelque valton ou bacellette qui tiennent lesdites peaux par le boult et les haulcent et abaissent et du vent font ardoir ledit carbon, qui est le plus estraingue chose a regarder que ne scaroit escripte. Car ils sont tant de ce mestier et si dru que il samble que on soit en fairie. Nous allasmes veoir les eglises dont il y en y a pluseurs ; et sont pauvrement aornée. On y voit assez de tableaux de nostre dame painte a la manière de Gresse ; mais de crucifix ne de saincts eslevés ou paint a la manière de nous, il n'est point dedens lesdites eglises. Ung prestre y tenoit escole tout en grecq, je cuiday aller lire quelque mot, mais je neusse sceu congnoistre une seulle lettre. Jamais ne fus plus esbahis de veoir leur escripture. Ils ne savent que c'est de latin.

Tous les prestres sont mariés, et le sont avant quils dissent messe. Et se leur femme moroit ils nen poeult avoir d'aultre, car sil en reprenoient les enfans quy en aroient seroient battards. Lesdis prestres portent de grands chappeaux de cuir collés faict a le mode de noquere, pour cela les congnoit on, car les aultres gens portent longues barbes comme eulx. Après avoir estés par lesdites rues vinsmes souper, dont fusmes bien heureux quil ne plouvoi point, car il nous convint souper en ung petit jardin. Et pour nostre table eusmes deux assettes lesquelles mismes sur des caillaux, mais d'assir fusmes en grosse paine ; le moytie du tampz fuz a genoulx. L'hostesse tira jus de sa teste trois ou quatre aulne de doubliers ; de quoy elle estoit achemée a la mode du païs. Et nous mit ledit doublier sous lesdites assettes pour faire nostre nappe ; dont nous fit bien rire, et le ruasmes envois, car nous eusmes plus chier a mengier sans nappe. Elle nous fit signe que y torquissiesmes nos dots ; mais nen volliesmes point et mengeasmes très bien, loés soit Dieu, car nous nestiesmes point degoutés. Hellas, de dix que estiesmes n'en retournasmes que chinq : Dieu ayt leurs ames. Nous eusmes bonne sallade de concombre qui nous fit grant bien, car il faisoit bien chault ; et se eusmes poulles boully et mouton roty et bon vin, car il y en a largement en ladite isle de Gette ; mais il est tant fort que y fault mettre autant d'eaue que de vin, et sont quasy tout blan. Dont vint pour compter, lhostesse fit venir ung juif pour nous faire le compte, car il parloit bon ytallien dont lentendismes mieulx que ladite hostesse. Je luy donnay a boire et le plegeay au mesme voire, car nous nen aviesmes que trois et aussy ne savoie point quil fut juif. Il avoit defferlet son bonet pour le chaleur, car on ne les congnoit que a leur bonet qui sont jane, et fault sur toute la terre des Venissiens qui y porte ceste ensaigne. Après ce voullusmes aller couchier dont il ny avoit qu'un lict en une plaiche comme une estable, et n'estoit sinon que des branches de laurier lesquelles estoient arrangées sur trois ou quatre bastons liés en air et sur ches dites branches avoit deux lincheux bien ort ; et estoit le lict que ladite hostesse avoit, elle alla emprunter a ses voisines deux aultres lincheux et trois petis cousins, dont estendit lhostesse lesdits lincheux sur la terre, car ils nont point destrain. Et adoncq la et sur le lit en air couchasmes tous vestus. Et soubit que lhuis fust clos cuidasmes crever de punaizie. Nous aviesmes la chandelle ardante, si voulu scavoir que cestoit, je trouvay dessoubs le lict deux grants pots couverts de quelque flassart. Je pensay soubit que cestoient les pots que puoient ainssy. Nous commenchasmes a crier chascun bien hault, car ladite hostesse nous avoit enfrumés. Adoncq vint ouvrir lhuys ; je luy fis signe que nous creviesmes, dont emporta lesdis pots ; mais ad cause quils pesoient elle en respandit se nous. Apporta la pouvre femme a chascun ung houpeau de romarin et se aporta du feu et du mirte, et le rua dedens ledit feu lequel fit grant fumée. Toutesfois ne dormimes guerre mais rismes bien maintesfois ad cause desdits pots. Ils ont une fachon quils gardent ainssy leurs ordures pour mettre en leurs vignes. Nous luy souhaidasmes maintesfois en son lict. Quant vint le matin nous fallu paier pour nos beaus gitz dix patars pour nous dix. Dont parmy le souper despendis en ma part 9 gros.

Lendemain cinq de juillet soubit que fusmes hors de nostre dit logy, nous allasmes tous disant nos devotions sur ladite montaigne laquelle est bien haulte comme dict est. Et entrasmes a la petite ville, qui est ou il ny a guerre de maisons, et au milieu a ung chasteau. De costés ledit chasteau a ung petit couvent de cordeliers ; et ne sont qua quatre ; se y a depres une maison ou se tiennent trois grises soeurs qui vont tous les jours ouyr messe en leglise desdits cordeliers. Lung de mes compagnons prestre fit tant qu'il eult un petit pain pour dire messe a nostre mode ; dont fusmes bien joyeux ; lesdites trois grises soeurs furent a la messe et me samblèrent avoir bien devotes. Après che nous allasmes regarder ladite ville ; nous veismes bien aplain tout le païs alentour de ladite ville ; car elle descoeuvre toute ladite isle, ou il y a des terribles montaignes et roches. Mais il y a deux sens de plat païs, lequel est assez fructueux, et le plus part vignobles qui porte bon vin. Et se y a largement poulles et char a bon marché. Car je vis nostre patron refuser ung boeuf pour deux ducas, lequel eult bien vallu a nous quatre ; mais de maignaige ils n'en avoient point ; car ils avoient estés pillés des Turcqs, comme ay escript devant ; mais je vous promes que a nostre retour restoient leurs amaignaiges, il fault dire que guaignent bien. Après avoir regardés ledit païs revinsmes audit bourcq, dont rencontrasmes nos trompettes lesquels nous dirent que alliesmes disner, et que nous falloit raller en nostre nave, et que nostre patron volloit partir a cause que les deux gallées qui estoient au port nous volloient conduire de peur des escumeurs de mer. Se nous hattasmes d'aller disner. Se despendis   3 gros.

Le département de Gente de l'aller.

Ainssy après disner rallasmes tous en nostre nave, et soubit on delia les voilles, car les ancres estoient tirées. Adoncq commenchasmes a aller. Mais lesdites deux gallées nous eurent bien tost rattaintes, et en passant firent feste a nos mattellos, comme ils ont de coustume ; et adoncq nous passérent pour veoir sil ny avoit nulz ennemis. Car lesdites gallées sont tousjours sur mer aux despens des Venissiens, pour garder que les pellerins ou marchands n'aient aulcun dangier et en après allasmes couchier plus seurement.

Le sixième de juillet au matin, nous aviesmes bien exploities, car nous estiesmes allendroit d'une isle qui est au millieu de la mer et il y a quarante mille de Gente. Che sont hermites qui se tiennent en ladite isle. Il en vint deux quant nous percheurent passer, lesquels prirent ung battelet quils ont et nous vindrent demander quelque chose pour Dieu; mais celuy qui sen mella de demander pour eulx s'en acquitta mal, car il y en eult pluseurs qui n'en sceurent rien, car ils eulsent donnés quelque chose. Voire et se eult lung des pouvres hermites ung dois tout escorchies de le bouter entre nostre nave et leur battelet. Ung petit après percheusmes lung des gallées des Venissiens que nous attendoit ad cause que veoient venir deux aultres gallées de peur qui nos vollussent quelque mal. Et laultre gallée des Venissiens veismes quelle couroit après la première qui venoit. Dont se hattèrent lesdites deux gallées de retirer en arriere ; et ainssy par ce secour neulmes garde, loes soit Dieu. Quant nous eulmes bien ravisés le manière, conclumes ensamble nous le langue franchoise de faire deux capitaines pour obéir a eulx se aulcuns dangiers nous venoient et après avoir ouy l'opinion de chascun fut requis a deux gentilshommes chevaliers de Rodhe quil leur pleusist de prendre le charge, a cause quils congnoissoient la fachon de la mer, lesquels sy accorderent et a cause que lesdis deux chevaliers ne passoient point Rodhe, on mit deux aultres gentilshommes avec eulx pour veoir la manière et pour obéir a eulx quant les aultres seroient desseures. Les aultres nations firent aussy ung capitaine, dont chascun avoit son quartier en la nave. Après ce fait allasmes disner de bonne heure; mais ung petit après deux de nos gens je croi vollurent scavoir quel couraige il avoient ou ils volloient faire quelque procès, car ils furent longuement a leur reproche ; et quant on voit leur manière, on leur monstra le chemin ou nous alliesmes. Adoncq lung et l'aultre peurent bien regarder pour passetemps les montaignes de Turquie que n'estoient guerre loing, et entour le souper percheusmes Modon bonne cité. Laquelle est a présent au turcq, et ny avoit dix ans qu'il le conquist, dont c'est grand dommaige. Car cestoit ung port ou les bons pellerins se alloient refaire. Ladite ville sied sur le bord de la mer basse et a laultre les montaignes ; mais oultre est bon païs fertile. Le turcq a faict faire une petite tour des ossemens des crestiens qui y furent tués a la prise. Dieu leur voeille donner son paradis. Ce serait quelque chose de beau qui iroit reconquester ladite ville. Car de la on seroit bien tost en Constantinoble, et y a toute ferme terre jusque la. Il nous fut dict qu'il n'y avoit que environ trente lieues.

Le septième jour de juillet au matin nous aviesmes fort exploitiés et se estoit encoire le vent bon et autour huit heures veismes venir deux grants naves, dont fusmes sur nos garde. Les deux gallées les avoient bien veues, mais a cause que cestoit marchandises aux Venissiens ne retournerent point pour nous advertir et le pensasmes bien, car lune desdites naves vint tous près de la nostre tellement que parlasmes a eulx, et nous dirent quils navoient trouvés nuls encombres. Se fusmes bien joyeux. Nous fusmes toutcedit jour costiant les montaignes de Turquie nommée Cherius ou Chitaree, et ou Paris ravit Helaine, dont de ladite montaigne en y a de trauée; et le mer y bat alentour est lisle ou ladite Helaine estoit. Nous passames aussi cedit jour le port aux Cailles; il est ainssy nommé ad cause qui sy rassemble tant de cailles que c'est merveille. Nous cuydasmes ainssy que lheure de six heures au vespre veir venir deux petites gallées qui vuidoient d'une trauée, dont il y une roche auprès dedens la mer. Car la sont souvent gens nommés coursserres lesquels destroussent les passants, quant ils voient leur belle. Mais loes soit Dieu, ils nous approcherent point et passames la journée ayant moyennement vent et sur les vespre commenchasmes a vir lisle de Candie.

Le huitième jour de juillet au matin nous naviesmes guerre exploities et estoit le vent encore petit, mais nous cotiasmes ladite isle de Candie ou nous veismes de haultes montaignes a la main dextre et se y avoit du long le chemin que nous alliesmes pluseurs roches dedens la mer. Ce sambloient motes pour assir molins au vent. Sur le vespre le veut crut et estoit bon. dont nos nous resjouismes et pensiesmes estre a port de le ville de Candie a minuit; mais nous nous n'y fusmes point jusque lendemain de dix ou onze heures.

La deschente au port de Candie de l'aller
et se y a de le ville de Gente quatre
cens mille.

Ce neuvième jour de juillet ainssy que au disner arrivasmes audit Candie. Che nous sambloit merveille par dehors ; et en y avoit qui volloient gaigier que c'estoit une des belles villes de Franche et forte ; mais quant fusmes dedens veismes bien le contraire. Car peu s'en fault que toutes les maisons aissent estés abatues de tremblement de terre qui sy fit lan 1500 et neuf jours droit a six heures a midy pour telle maniere qu'il y eult plus de sept mille personnes tués, comme on nous a dict dans ladite ville. Aussy bien ceux qui senfuyoient que ceulx qui demouroient en esdites maisons, lesquelles estoient fort belles, comme plaisant palais et alloit on sus comme sur les rues ; car lesdites plaices estoient si bien cimentées que l'eaue ne demouroit point dessus ; car il y avoit des goullos par ou l'eaue prenoit son cours ; et encoire en y a de ceste sorte. Car je y ay faict bonne chiere, loes soit Dieu. Le vin est fort ardant et n'en scarait on boire sans y bouter autant d'eaue. Nous trouvasmes largement rosin et bon. Jay veu une vigne dedens le pourpris de sainct Pierre lesquels sont prescheurs de sainct Dominicle, dont lesdis religieux nous certifierent que le vigne susdite y recouellent tous les mois de lan du bon rosin. Le païs est si chault en ladite saison que tout lherbe des gardins estoit arse. Et nous fut dict quil ny avoit point pleut depuis le my janvier. Ils ont des cisternes largement ou leaue deschend quant il pleut et le gardent pour toute lannee. Ils ont aussy largement chitrons, mellons et concombres lesquels mengent; chest ce qui les rafreschistent, et portent les femmes en ladite saison sinon que robes de belle toille bien fronchie. Et quant on disne ou soupe il y a quelcun quy evente les gens a tout une petite baniere faicte de soye gentillement, aultrement on moroit de chault.

Le dixième de juillet je allay visiter es eglises avec pluseurs pellerins, car il estoit dimenche. Le plus belle est celle des cordeliers de l'opservance. Toutesfois le comble et plus part de ladite eglise fut abastu dudit tramblement; mais ils ont fait ouvrer. On y chante en latin comme a nous. Il y a un puich derriere le coeur, lequel dissent quil vint miraculeusement a monseur sainct Franchois quant il demouroit la. Après estés la une espasse allasmes a une eglise hors de la porte sur soleil de midy; elle est en lhonneur de nostre dame laquelle faict pluseurs miracles. Et mesmes nous fut dict quon vollut abattre une fois pour faire la les fossés pour fortifier la ville; mais on ne poeult. Nous y arrivasmes en ladite eglise ainssy que on commenchoit la messe en grecq. C'est une chose merveilleuse des cerimonies qui font et dure plus trois fois que les messes de nostre païs; aussy ils ne dissent que les dimenches et les bons jours. Je naroie point escript en une heure tout che que y vis. Se le lairay pour compter au païs se Dieu plait. Après ce veu et bien regardés revinsmes en nostre logy faire grant chiere et puis le mettre par escript.

Le lundy onzième de juillet ay vollu escripre comment ladite ville de Candie est. Elle est assise une partie dedens la mer, et y a une entrée par ou les naves et gallées entrent dedens les ports ; mais il y a deux grosses tours aux deux costés pour deffendre dy entrer se bon semble aux seigneurs de la ville, lesquels sont subjets a ceulx de Venise, car ils payent de tout marchandise quil sy faict quinze pour cent, dont leur vault gramment, car on y vent pipes de malvoisie, mouscad, et Dieu scet quil est bon et sen est le païs tout plain. Sans cedit grant tribut on le beuvroit millieur marchiet quon ne faict en nostre païs le villaine cervoise; et il se fait aussy a ladite ville largement de belles ymaiges de nostre dame encloses de tableaux de Chipres, et des tables et des coffres grants et petits, et des fuseaux, des pater nostre et mesmes de bateaux, et nostre nave y avoit estés faicte, qui estoit tout de chipres. La ville est assez grande et les fourbougs encoire plus grands. Je seroie honteux de mettre par escript autant deglises et de couvent qu'on nous dict qu'il y avoit; mais je croy quil y a bien trente eglises de crestiens. Il y demeure en la ville et aus foubours granment de juifs, et les rencontriesmes bien souvent. Se ce nestoit a leur bonnet jaune on ne les congnoisseroit point, car ils sont habilles comme les aultres habitans ; ils font grosse marchandise de tapis turquois et aussy de preter argent a guaigniage ; ils sont la par tribus quils rendent aux Venissiens. Mais aussy rendent lesdis Venissiens de ladite isle tribus aux Turcqs.

Ce douzième juillet il nous fut dict que nostre patron nous volloit donner a disner a trestous au logy de son frère, lequel est demourant en le ville de près leglise sainct Titus, lequel fut evesque dudit Candie. Dont conclusmes après avoir desjunés de nous rassambler en ladite eglise : ce est leglise cathedrale. Nous venus la affin quil nous ennuiast point d'attendre on nous monstra le chief tout entier et nud dudit sainct Titus, et le chief de madame saincte Barbe vierge et martyre. Ainssy nous fust dict et certifié. Les trussements de nostre patron nous vinrent querir en ladite eglise, et nous menerent en une belle salle ou on montoit plus de vingt degres. Nous fusmes assis tous a ung rencg a une table tout a nostre aise et se estiemes du moins soixante douze personnes, les aultres estoient aller juer aux champs. Il nous fut baillies dassiette bonne mouscade et avecque des beaux mellons, et eu après de plusieurs mets bien apointies ; il y eult pluseurs quil fallut que retirassent leurs coustiaux, car après avoir eult le fruit comme poires, rosius et dragerie nous raportat tout plain de bien, et puis après les trompettes et clarons y vinrent, cestoit le possible. Il nous souvenoit plus de nostre païs. Après che remerchiasmes nostre dit patron, en demandant quant nous partiriesmes ; auquel nous dict lendemain au vespre que chascun se retira en la nave. Donc cedit jour quant eusmes soupe conclusmes nous six daller voir ou sainct Pol se tenoit quant il fit les espitres. Se prismes ung guide avec lhoste et admenerent chascun une beste pour monter sus. On nous disoit quil ny avoit point loing, et samble de la ville qui ny ait que une lieue jusqu'au lieu. Mais nous fusmes bien trompes comme pores ouyr. Quant nous eulmes estes environ demi lieue trouvasmes des gens qui gardoient les vignes et avoient des arcqs turcquois. Le lune luisoit. Se vollut scavoir lung de nos compaghnons sy tiroient droit a tous lesdits arcqs, et mit nostre guide son chappeau bien loing quon ne le veoit point ; mais ledit archier alla veoir ou il avoit mis et retourna a nous. Adoncq tira après ledit chappeau dont il fut perchiés. On mit une aultre ensaigne ou nous estiesmes et le percha aussy de la ou estoit ledit chappeau. Ils sont fort droicturier et font siffler leurs saiettes de radeur. Après nous allasmes tout plaisamment, car nous aviesmes beau chemin et large. Nous cheminasmes tant que trouvasmes ung petit villaige, nous commenchiesmes a nous lasser, se vollusmes boire; mais les gens dormoient il estoit bien minuict. Nostre guide et l'hoste nous firent signe que fussiesmes ung petit oultre, trouvasmes deux hommes qui gardoient de lorge tout battu et de lautre a battre en ung plain champ. Lung nous alla querir du pain et du vin, et une vaulte faicte doeuf. Nous ne seumes de ou il apporta, car il n'y avoit nulle maison; toutesfois nous en mengeasmes tous exceptés ung prebstre qui cuidoit dire messe en ladite hermitaige de sainct Pol, nous cuidant estre près. Et de peur de esveiller les hermites trop matin, nous couchasmes sur ledit orge, et dormimes environ deux heures faisant le guet de peur des malvais garchons. Et après quant vollumes partir ledit hoste fit signe quil avoit peu dormy, et dict a nostre guide quy nous menas bien. Il fut fin car nous trouvasmes du terrible chemin. Nous allasmes depuis lavoir la laissiet bien lieue et demie de bon païs et puis trouvasmes une fontaine, ou il y a de beaux figuiers qui font ombre alentour de ladite fontaine. Nous nous reposasmes la ung petit dont fusmes tous esbahis quand veismes le jour qui poindoit; se nous remismes a chemin.

Ainssy comme ouy avés partismes de ladite fontaine ce treizième de juillet. Nostre guide monstra bien quil ne scavoit point le chemin, car il nous faisoit tourner tout court a la main gauche de ladite fontaine et pour monter la montaigne, et il nous mena ung chemin devant nous environ demi lieue. Adoncq demanda le chemin et puis nous fallut devaller une grande vallée du nous retirasmes envers ladite montaigne; mais il ny avoit ne chemin ne sentier sinon pierres et gros cardons picquans, et aultre sorte darbre bien flairans, mais ils picquoient; voir et se y avoit deux de nos gens sans chausses pour le challeur ils eurent maintes piqures aux jambes. Et après avoir ainssy devalles, nous fallut monter sy roit que alleismes a quatre pattes. Je navoie fors que peur de reverser. Quant nous fusmes a mont nous trouvasmes ung homme qui gardoit des chievres. Se nous monstra nostre chemin. Adonc fusmes plus esbahis que devant, car on ne veoit on point les froies, sinon que roches. Nostre guide avoit laisse son chemin en la vallée devant dict et se n'eult estes qu'il alloit devant et que nous estiesmes gens assez pour luy nous fussiesmes pensant qu'il nous menoit murdrir. Mais nous le suiesmes devant nous tenant a toutes nos mains, Dieu scet quel passetemps. Nous nous reposames plus de quatre fois en regardant ladite montaigne qui n'est que toute roche. Nous perchusmes ung petit lieu le devanture bien taillies et machonnee ou il y avoit des belles fenestres croysies; mais le menandie est le mesme roche cavee; nous estiesmes ung petit plus ne poeusmes voir par ou on y alloit; nous demandasmes a nostre guide se cestoit hermitaige, mais il nous enseigna qu'il y avoit bien plus hault et entendiesmes a son languaige que cestoit ou Jupiter se tenoit; on le nous dict aussy au retour. Après avoir veu ledit lieu ou on dict que sainct Pol se tint sy longuement avec sainct Titus et dissent que ledict sainct Pol convertit tout le peuple de cestei sle nommée Candie ou Crette, ainssy le nommoit on. Lhermitaige est bien poure et se tient deux hermites; lung estoit prestre grecq et nont point d'aultre livre. Et se navoient point de hostie ne aultre chose propice a dire messe a nostre mode. Se fust nostre prestre trompes, car il n'avoit oses mengier. Il ny a audit lieu que deux ymaiges de nostre dame et des saincts painte contre les parois bien vieses. Je ne vis oncques de sy faicte en nos païs. Les pouvres hermites ne ont point de lict ne nulle viande, sil ne le vont pourchaschier, en bas mesme ils n'ont point de gardins, car cest tous roche. Nous veismes bien tous le païs comme les vignes et aultres choses et veismes la mer ; il sambloit quelle fust au pied. Toutefois j'aroie aussy chière aller six lieues de Franche, a cause que les pouvres hermites n'avoient que mengier pour nous. Nous hattasmes de retourner et oubliasmes a demander auquel endroit estoit le parc de Dedalus ; les hermites le nous eussent bien monstrés. Pour faire court il fust bien douze heures a midy avant que fusiesmes audit Candie, dont nous refismes et soupasmes ; et puis vinsmes couchier en nostre nave pour cuidier partir le nuict comme il avoit estés dict. Dont trouvay que avoit despendu depuis la descente audit Candie

28 gros.

Le département de Candie de l'aller.

Le quatorzième de juillet quand nous levasmes fusmes tous esbahis que n'estiesmes parti. Il fust dict que nostre medecin estoit malade, et qu'il ne faisoit que arriver de la ville. Adoncq vollurent nos mattellos tourner nostre nave pour en aller ; mais on ne pooit, ad cause que le vent estoit si grant, et se estoit trop près du havre. Il fallut porter dedens l'une de nos petites barques une corde bien longue et une ancre, et liant lung des boults de ladite corde a nostre nave et puis allerent les mattellos rimant bien avant en la mer, tant quil fut au boult de l'ancre et puis jettèrent. Adoncq revinrent tirer nostre nave jusque ledit ancre et puis desployant les voilles du petit mas, mais les mattellos faillirent de eulx hatter, car le nave nestoit point assez tournee. Dont cuyda nostre patron erragier, car cestoit assez pour le perdre. Après ceste faulte y eult des chevaliers de Rodhe, ad ce congnoissant qui y mirent leur forche avecque lesdis mattelos qui le tournèrent. Et adoncq desployant quatre voilles y allasmes sy bien depuis midy quil estoit, que nous fusmes parmy le nuict ensuyvant six vingt mille.

Le quinzième de juillet au matin, nous aviesmes encoire bon vent et passasmes pluseurs roches qui estoit dedens la mer aulcunes grosses et aussy de menues et tellement que environ quatre heures après disner nous estiesmes a lendroit des grandes isles qui sont de Turquie. Et a lautre lets veiesmes l'isle de Rodhe nommée lisle sainct Nicolas, et a ceste endroit veismes plus de mille poissons voller hors de leaue, et en y avoit d'autres plus grans qui salloient après pour cuidier mengier lesdis poissons vollans. Ils nestoient point plus grans que ung herren ou ung merlen, c'est assavoir ceulx qui volloient. Il est vray, car je en vis depuis qui estoient volles sur la terre. Et en y avoit despendus devant une ymaige de nostre dame, et veoit on les elles dudict poisson. Ung petit après avoir veu ainssy voller, le vent fut encore meilleur que n'estoit, tellement que fusmes au port de Rodhe ainssy que a dix ou onze heures en la nuict, dont nous fusmes tous bien joyeux; mais nous ny poiesmes aller jusque lendemain, que monseur le grant maistre dudit Rodhe fut averty de nostre venue. Adoncq il envoya tous plains de gentilshommes en nous disant que fussiesmes les bien venus. Hélas nous ny rentrasmes mie autant, comme pores ouyr cy après se Dieu plait.

La deschente au port de Rodhe de l'aller dont on compte de Candie trois cens mille.

Le seizième juillet comme ay escript devant vuidasmes de nostre nave pour aller veoir la ville de Rodhe. Et soubit que y fus, allay acheter deux beaus grans cirons de chire, de l'argent que nous tous pellerins aviesmes donnes, en nous recommandant a nostre dame de Fillerme, ad cause que ous estant partis de Venise nous naviesmes point de vent comme ay escript devant : adoncq nous ayda la belle dame, et de tous les aultres pellerins fus eslis avec ung cordelier pour y aller dire messe ; ainssy nous deux fismes porter les dis chirons qui coutèrent trois ducas par ung paisant, et aussy pour nous monstrer le chemin. C'est un devot pélerinage et c'est a chincq mille de Rodhe lelon le mer ; mais le lieu est assis sur une montaigne et met on quasy une heure a le monter. Le cordelier que menoit ne poeult venir jusque la sans boire a une bouteille car il nen pooit plus, mais loués soit Dieu et a la belle dame je allay en juing cœur. Et le prestre qui disoit tous les jours messe en nostre nave nous suioit ; lequel vint sans desjuner, et je lui fis dire messe en lieu dudict cordelier a lintention de nous tous et le demourant dudit don le ruay dedens ung troncq qui est la. C'est ung lieu devotieux. Ils sy tiennent treis chevaliers de Rodhe, lung est homme deglise, ils nous firent tous bonne chiere. Après nous monstrerent ung gentilhomme de Franche lequel est renclus, et ne mengne que trois fois en la semaine, le dimenche le mardy et le jeudi. Nous lui priasmes que priast pour nous ; il y a estes bien quattre ans.

Quant fusmes hors de ladite eglise veismes bien le païs a lenviron, il y a trois mille de plat païs, en vuidant de Rodhe au commenchement est roit, mais jusquau pied de la montaigne croist tout plain de bien, comme bleds, vignes et aultres biens ; et dela la montaigne je vis ung coppon de plat païs fort fertil. Lisle dudict Rodhe est fort grande ; mais il y a autant de montaigne et roche que aultre païs. La ville dudit Rodhe n'est point grande ; mais elle est forte de murailles et fort d'artillerie, le quart siet en la mer ou il y a grosse deffense a entrer au port, lequel est beau et ny entre nulz se on na congiet du grant maistre comme ay escript devant. On amaine largement des vins de Candie en Rodhe, car ils nen ont point assez sur ladite isle de Rodhe a cause quil y faict plus chiere vivre que as aultres ports. Nostre patron voullut que chascun se retirast le nuict en nostre nave; mais une compagnie de Poullenois nous attargerent de partir, car ils braguiez a toutes leurs chaines d'or, comme ils cuiderent faire a Venise le jour du Sacrement, comme ay escript devant. Nostre patron fut bien mari, car il fallut attendre a partir jusquau lendemain, de quoy nous tous aultres craindiesmes que les turcqs ne sceussent de leurs bragues et quils nous fissent quelque assaut; car il y a dedens Rodhe tous plains de turcqs prisonniers, et nont sinon que ung agneau de fer en leur jambe et se ny a du port de Rodhe environ huit mille jusquau païs de Turquie. Pour passer le tamps allasmes veoir lhospital de Rodhe dont je vis que a chascun malade on balloit du vin dedens de belles tasses d'argent, et le viande dedens beaux plats d'argent. Et se y a trois medecins lesquels vont visiter lesdis mallades trois fois le jour. Les lictz sont comme ung petit pavillon bien beau et le lieu a bon air et est dedens le pallais et le chasteau de Rodhe. Je despendis cedit jour qui estoit samedy et le dimenche au disner audit Rodhe la somme de 7 gros.

Le partement de Rodhe de l'aller.

Ainssy le dimenche dix-septième de juillet apres disner nous partismes, il ne faisoit guerre de vent. Se ne fismes point granment cedit jour. Toutesfois nostre medecin demoura audit Rodhe ad cause qu'il estoit malade, et croy que ne fut que de trop boire a Candie.

Le dix-huitième de juillet nous aviesmes encoire petit vent et n'allasmes quasy point. On nous vollut faire boire au disner du vin touillees ; mais il y eult belle vie, et sescriant sur les deux capitaines devant escript, dont lung saillie hors de la table et le monstra au patron. Adoncq eusmes du bon vin et se excusa ledit patron sur ses serviteurs, disant quil volloit que fussiesmes bien servy. J'ai oublies a escripre quon ne fait pas bien son prouffit a Rodhe des marquets de Venise, et ayment mieulx deux quatrin et se an vingt-quatre quatrin pour un marssel. Toutesfois les dix marquet coutte a Venise ung marssel. Aussy quant partismes de Rodhe il estoit venu ung homme de nostre dame de Fillerme devant dict lequel je vis quant je y fus ; et nous dict lung des trois chevaliers quil lavoit achete a Grenade et quil estoit blanc more. Et ny avoit que quatre ans quil estoit baptisiet. Il avoit bien vingt-deux ans, et avoit tant faict a ces seigneurs de Poullene quils volloient paier pour luy de Venise en Hierusalem. Mais doutant quil ne se vollut retirer en son païs ne le vollut mener nostre patron. Car il est deffendu dedens Rodhe a tous ceulx qui y vient a toute nave ou gallee pour rafreschir ou tout aultre navieulx partant dudit Rodhe, quil ne soit sy hardy de mener nulz de la ville de Rodhe, sil na enseignement du grant maistre, sur paine de perdre sa nave; et faict on cela ad cause quils sont granment d'esclaves qui sen porroient raller. Chascun avoit pitie dudit poure homme, car il plouroit et avoit pris la croix ; mais il y avoit venus quatre cordeliers de Hierusalem pour acheter des vins ad cause quils savoient bien que veniesmes grande compagnie ; et aussy les turcqs leur avoient tout but leur vin. Lesdis cordelliers ne voullurent point consentir qu'on menast ledict blanc more, car ils le cremoient et en avaient estes daultres trompes.

Le dix-neuvième jour de juillet nous fusmes toute la journee jusque bien deux heures apres midy sans avoir de vent dont chascun qui avoit devotion de veoir au retour nostre dame de Lorette ad cause qui nous en avoient ouys parler des miracles quy sy font dirent quil seroit bon de faire quelque offrande a la belle dame de Lorette. Je fus requis de demander que y voloient donner pour faire présent pour ceulx qui y retournoient et m'excusai que ne seroie point lhomme; car je y avois estes trois jours au retour de Rome; mais je fis tant et en remonstrant que cestoit un beau don, que je receu de nostre monnoie pour cette fois sept livres deux gros. Je vous promes me foy et sur le voyaige que environ chinq heures apres disner que nous eusmes le meilleur vent que seroit possible d'avoir. Adoncq le remonstray a ceulx et y eult encoire qui donnerent pour la belle dame, elle n'oublie jamais ceux qui le requierent.

Le vingtième de juillet au matin nous aviesmes largement exploities, car tout le nuict nous eusmes bon vent ; et estoit encore bon sans avoir troubles la mer : ce sambloit a chascun grant miracle, car nous estiesmes au gouffre de Satallie, lequel est de coustume bien perilleux. Hellas au retour trois de mes compaghnons y furent rues morts. Nous eulmes tout ledit jour bon vent ; tellement que les Poullenois sambloient estre hors de sens; je croy que cestoit de joie. Car ils huoient quon les eult ouy dune lieue et depuis souper burent tout hors ung gros baril de vin autant quun homme pooit porter ou lever , et puis ruerent ledit baril en la mer. Nous ne saviesmes que penser cremant que aulcuns turcqs les ouyssent, et quils nous venissent faire quelque assaut ; mais loes soit Dieu nous ne rencontrasmes rien et ne perchusmes que chiel et eaue.

Le vingt et unième de juillet nous aviesmes encore bon vent et aviesmes encore fort exploities et encoire au disner n'aviesmes rien veu que chiel et eaue ; mais environ deux heures apres perchusmes venir quatre naves que venaient de Chipre. Nostre pillot monta sur lune des hunes et bien vit quelles estoient de Venise et estoient chergie de sel. Elles passerent lune apres lautre et parlerent a nostre patron. Ils vollurent bailler des lettres pour nous porter en Surie ; mais ad cause que alliesmes sy fort elles cheurent en la mer et se y avoit ung gros tourseau desdites lettres. Nos trompettes et clarons de joie que nestoient point nos ennemis juerent bien et longuement. Le vent se renforcha tellement que environ le souper veismes le commenchement de lisle de Chipre a lendroit de ville de Baf ou on dict que le temple de Venus est. Et environ minuict arrivasmes allendroit de Limechon dont ancrasmes et ne deschendismes point jusqu'au petit jour.

La descente a Limechon en Chipre de l'aller
dont on compte de Rodhe jusque la quatre cent mille.

Le vingt-deuxième de juillet, jour de la Magdelaine nous deschendismes de nostre nave et allasmes a Limechon. Cest a present ung villaige seant en plain païs tout pres de le mer ; mais il ny a point de port ; il y a ung chasteau qui est assez fort, et se fust estes ledit Limechon aultresfois une ville frumee et estoit grande mais les engles lont ainssy destruis pour eulx vengier du roy de Chipre lequel viola la seur du roy d'Engleter laquelle retournoit du sainct voiaige de Hierusalem. On nous vendit assez bon marche du vin, mais il sentoit le poiie ; car ils le mettent dedens ung grant pot harpoiies et puissent ledit vin la dedens. Il fait sy chault de jour en la saison que noziesmes vuider des maisons. Entour le vespre allasmes veoir croistre le coton et en y avoit grande campaigne. Les branches sont le haulteur d'une navetierre, les boult d'en hault sont gros comme le tieste d'une olliette ; et quant ledit coton est meure ladite tieste se oeuvre et voit on ledit coton. Apres cuidasme tous aller couchier en nostre nave ; mais nos mattellos estoient empeschiet ; se nous fallut revenir aux maisons, dont plus de la moitie coucherent sur des tables et sur des bancs, encoire fusmes nous tous jolly d'en trouver.

Le vingt-troisième de juillet quant je mesveillay je navoie que a escoure ma tieste. Je allay veoir une petite eglise ou trouvay ung prestre grecq que se acoustroit pour dire messe ; mais a chascune pieche que vestoit il le faisoit haper la fumee dung enchensoir. Je lui veis dire messe tout au long ; mais chestoit merveille de veoir les cerimonies que faisoit. Il y a audit Limechon une aultre eglise ou on chante a nostre mode et sont chincq chanoines laiens. Je men vins rebouter au logy ; en repassant vis croistre des capres. De escripre des aultres biens qui sont audit païs, je attendray jusqu'au retourner, car se Dieu plait nous avons intention de veoir les maitresses villes dudit reaulmes de Chipre. Aussy on nous vint dire quant arriviesmes souper que retournissiesmes a nostre nave. Sept ou huit de nos compagnons me jurerent que avoient este au chasteau devant dict, et quon leur avoit monstres la teste darrain que parla a Valentin le frere de Oursson. Je l'ay voulu escripre pour souvenanche : je le sceu trop tard, car je leusse alle veoir ; mais il me fallut retirer. Et soubit nous venus en nostre nave on tirra les ancres en desployant les voilles. Dont avoit despendu audit Limechon
20 gros.

Le partement de Limechon en Chipre de l'aller.

Le vingt-quatrième juillet au matin nous naviesmes guaire eslongies de la plaiche de Limechon et le veoit on bien aplain ; mais sur le disner le vent crut ung petit et perdismes le vue de terre qu'on ne veoit que chiel et eaue. Et ne renconstrasmes nulz que nous vaulsist mal, dont louasmes Dieu esperant de brief estre au port de Jaf.

Le vingt-cinquième de juillet jour sainct Jacques et sainct Cristofle, nous ne veismes point encoire de terre. Je m'apensay ainsy que nous diniesmes, que les pellerins en nostre païs faisoient bonne chiere. Je demanday avant nostre nave, se il ny avoit nuls qui eult faict le sainct voyaige, dont trouvay bien le moytie de nous qui y avoient estes et pour l'amour que cestoit le jour de mon parin donnay un pot de malvoisie au rechiner, et nous recreasmes ensamble. Apres lung de nos compagnons prestre alla monter a lune des hunes de nostre nave pour veoir sil ne verroit point la terre saincte, dont quant il fut en hault cria quil le veoit. Se nous resjouy tout le cœur, et environ six heures au vespre perchusmes le mont de Carmille qui est sur la main senestre ; mais il y a encoire de la jusque Jaf soixante mille.

Le vingt-sixième de juillet jour saincte Anne perchusmes au matin la terre de Barut, dont de joye chantant une belle haulte messe, l'introite de *Gaudeamus*, et toute ladite messe en le sorte qu'on faict en nostre païs, exceptes qu'on ne consacra point. Apres chantant le *Te deum* tous ensamble, ung petit apres percheusmes la ville de Chezaree, et puis le chasteau pellerin. Et entour le disner le vent fut tres bon dont il y avoit nuls de nous que son cœur ne sautela de joye ; et environ trois heures apres perchusmes devant nous une grande nave, dont soubit on affuta tous nos engins, et alla nostre pillot a lune des hunes et cria que luy sambloit que cestoit nave de pellerins que aviesmes laissies a Venise dont fusmes bien esbahis ; car ladite nave nestoit pas preste quant partismes. Se y eult des gaisures que ce nestoit pas celle la. Dont chascun se mit en priere et oraisons que Dieu nous vaulsist getter hors de dengier ; et ainssy que lheure pour aller couchier estiesmes allendroit de deux chasteaux a dix mille de Jaf. Se nous allasmes couchier en nous recommandant a Dieu.

Le vingt-septième de juillet au matin nous nous trouvasmes reculles plus de vingt mille et ne veoit on plus les deux chasteaux devant dict ; ne scay comment se fit. Il y avoit aulcuns de nous qui cuydoient que fussiesmes passes Jaf, et cremoient que ne alliesmes en Alexandrie ; adoncq chascun se mit en prieres et oraisons, dont environ le disner fusmes ou aviesmes estes le vespre et reveismes lesdis deux chasteaux, et aussy ladite nave que estoit au port de Jaf et estoit ancree. Adoncq pensasmes bien que cestoit celle de Venise. Dont quant fusmes environ a trois mille pres, celuy qui avoit la charge de nostre nave vit quil estoit vray, prit lune de nostre barque et se fit mener luy deuxieme a terre, et sen alla soubit jusquen Hierusalem. Je pense bien quil y alla toute nuict pour rattaindre lautre de lautre nave, car il luy estoit besoin dy estre aussy tost, pour advertir le gouverneur de Hierusalem quantes personnes nous estiesmes affin de emmener autant de mulles ou asnes ou chevaulx pour nous mener. Et mesmes avoit portes nostre homme les noms et surnoms de nous tous. Et alla advertir au gardien de Hierusalem. Nous arrivasmes environ six heures au vespre a demi lieue de Jaf, dont ancrasmes nostre nave. Les mattellos de lautre nave vinrent faire feste aux nostres, mais Dieu scet comment ils basoient lung lautre ; c'est leur maniere de faire. Ils nous dirent quils sestoient partis cinq jours apres nous. Et se avoient estes la ung jour devant nous. Ils navoient pris que trois ports et nous en aviesmes pris chinq. Nous fusmes tout joyeulx de nous trouver une telle compagnie que allasmes boire lung a lauttre.

Loues soit Dieu ! chy est le port de Ja₁ de laller. Et y a de Limechon deux cens chincquante mille. Ainssy appert quil y a de Venise vingt deux cens soixante mille.

Le vingt-huitième de juillet on tira nostre nave plus pres du port ; et veoit on bien aplain quelle grandeur le ville de Jaf avoit. On nous monstra le plaiche ou sainct Pierre pecquoit quant nostre seigneur l'appella. Il y a grosse pierre dedens la mer au lieu ou il estoit assis ; et il y a environ une lieue de Jaf. Nous demourasmes tout cedit jour en nostre nave en attendant des nouvelles de Hierusalem au despens de nostre patron. Il y avoit ung cordelier fort malade du mal de ventre ; il nous pria que sil moroit quil fusist menes en Hierusalem ; mais nuls ne luy osa promettre. Je vous promes sil nous eult point fallut la demourer en attendant des nouvelles comme est dict, et que ledit cordelier eult estes portes sur terre quil neusist garde. Mais nous neussiesmes oses de peur des turcqs qui estoient la dedens leurs huttes et pavillons. Se fust ledit poure cordelier si estouffes et branles quil morut lendemain.

Le vingt-neuvième de juillet ainssy que a sept heures au matin comme dessus est dict le poure cordelier morut. Se fut donnes son habit pour ung pieur a ung aultre cerdelier dont on luy vestit, et sen palto de dessoubs fut donnes a ung poure hermite que aviesmes trouve au partir de Chipre. Adoncq fut mis ledit cordelier dedens son cofre en lieu dung luiseau. Hellas je lui avois achete a Venise et luy avoit fait avoir pour vingt gros mains que le mien. Se men avoit fort aymes. Chestoit ung homme de bien, Dieu ayt son ame ; il estoit d'Estampe a sept lieue pres de Paris, et se nommoit frere Simon. Il fut mis cofre et tout dedens lune de nostre barque hors de nostre nave jusque la nuict pour le mener enterrer de peur lesdis turcqs ne le veissent, car il ne leut point souffert.

Tout cedit jour nous demourasmes encoire en nostre nave en attendant le gardien de Hierusalem. Et quant vint environ minuit il sambloit que nostre nave deult teumer et craindiesmes de perir ; nous ne scaviesmes que penser se che nestoit pour che que le corps du trespasses estoit encoire en barcque. Les mattellos avoient vollut ung petit devant trois ducas pour le mener sur le port de Jaf et pour l'enterrer la, car la commence la terre saincte. Il neust point demourres plus de deux heures en tout; il pert bien que sont ruyde gens. Nostre patron cremant le dangier leur fit mener dedens ledite barquette et eurent deux ducas. Toutesfois je croy quils le ruerent en le mer, car il nous fut dict de cheulx de lautre nave quils avoient veu ruer quelque chose dedens.

Le trentième de juillet, Marcq Anthoine le patron de laultre nave nous vint veoir. Se firent grant amitie ensamble les deux patrons et firent grant chiere, et promirent de secourir lung laultre. Se en fusmes plus asseures pour le retour. Il nous fallut encoire attendre tout cedit jour apres ledit gardien. Lung de nos compaghnons pellerin, chanoine du païs du Dauffinet nomes monseur du Gas laissa cheoir son breviaire dedens le mer, qui estoit dedens un saquelet de cuir. Et y avoit une heure de quoy il estoit fort mari, il dict, qui vorroit aller requerir il donneroit deux ducat. Dont lung de nos mattellos estant sur nostre nave saillit en la mer apres ledict saquelet qui nestoit point encoire enfosses ; il nagea si bien quil le rataindit. Il y avoit bien vingt pieds de hault de ou il saillit. Se eult ladite promesse, car je lui veis baillier.

Lendemain darrain jour de juillet nous demourasmes en attendant des nouvelles. Revint nostre gouverneur de nostre nave de Hierusalem et aussy le trussement qui estoit alles avec. Et vinrent ainssy que a lheure de souper. Se fusmes tous resjouis, car ils nous

13.

dirent que lendemain matin viendroit ledit gardien en nostre nave et partiriesmes.

Le premier jour d'aoust jour sainct Pierre, le gardien vint comme il avoit promis et fit ung beau sermon en latin, en nous remonstrant comment ceulx qui navoient point estes a Rome et qui navoient point licence du sainct pere de deschendre en la terre saincte qui contentassent nostre patron dung congies quil avoit envoyes querir audit Rome avant que partissiesmes de Venise. Se fut contentes de ceulx, car aultrement ils eussent estes exeommunies. Oultre il prescha se les villains turcqs nous faisoient quelque mal que nous ne fissiesmes rien et quil falloit souffrir; et aussy que nous falloit avoir foy des lieux saincts quon nous monstreroit, ou se ne volliesmes estre tels que ne prissiesmes point de palme. Et ung petit apres ledit sermon nous vinrent veoir pluseurs turcqs et mamelus ; mais on avoit muschies pluseurs bastons de deffense, affin que les villains nous trouvassent en sorte de pellerins. Nostre patron les mena boire sur lung des chasteau de nostre nave, et leur fit donner pain et fromaige, car ils escabitent apres et apres le vin aussy ; ils beurent si bien quils commenchierent a chanter. Je les allay veoir, on me monstra ceulx qui estoient crestiens regnies; ils sont marques au front ou a la joue dung fer chaulx, affin s'ils volloient retourner qu'on les recongnust. Apres que lesdis turcqs eurent bien beu, on nous dict que chascun prensist che quil volloit porter en Hierusalem ; et ainssy que volloie deschendre de nostre nave pour entrer en nostre petite barque le principal desdis turcqs escorchoit le regnard et se plaindoit fort. Ils ont si chier le vin que cest merveille, et se leur est deffendus en leur loy. Et se ils ne lont aus crestiens pourtant en sont sy aspres. Nous vinsmes au port ainssy que a deux ou trois heures apres disner. Dont nous laissant vuidier que ung au cop, et y avoit trois turcqs qui estoient sur le bord de la mer assis sur des grosses pierres qui sont la et lesdis escripvoient les noms et surnoms de nous et mesmes les noms de nostre pere, et le pere gardien estoit aupres qui escripvoit aussy, et font cela de peur quil ny demeure aulcun pellerin en Hierusalem. Apres estre mis par escript nous mena ung turcq nous tenant tant que fussiesmes dedens une arcure grande qui est tout pres du bort de la mer, et y en a trois tenant lune a lautre. Les aultres pellerins as aultres. Les villains turcqs y avoient faict leurs necessites, pour ce quils savoient bien que nous veriesmes ; et aussy que cest le lieu ou on a pris de mettre les poures pellerins.

Il nous cousta a chascun ung marquet pour le faire nettoier, et ung marquet pour une pugnie de meschante herbe pour assir dessus. Chascun avant sassir se mit audit lieu a genoulx en disant le *Pater* et *Ave Maria* et baisant la terre. Adoncques guaigne on pleniere remission, car cest la terre saincte comme dict est.

Ils estoient plus de quatre cens turcqs hault et bas de Jaf, ou ils avoient faict pluseurs huttes et sy avoit des pavillons. Daulcuns nous aporterent du rosin a vendre assez bon marchiet en ladite cave car nous nosiesmes vuidier. Et se nous aporterent des oefs tous cuis. Et ad cause que les tributs nestoient point encore paies au seigneur de Hierusalem, demourasmes celle nuict en ladite cave ou arcure.

:

Le deuxième d'aoust soubit que veismes le jour nous levasmes en louant Dieu, car lung de nos trussements nous dict que le beau pere gardien avoit tant faict envers cheulx qui nous debvoient conduire avecque des asnes ou mulles, que seriesmes quittes pour toute courtoisie depuis Jaf jusques au retour. Sen fusmes bien joyeulx.

Car paravant il falloit tousjours avoir la main a la bourse, car quant on deschendoit desdites bestes pour veoir quelque sainct lieu ils ne laissoient point remonter sans paier du mains ung medincq quy vault ung patart.

Et mesmes avoient les villains quelque baston a picquot, dont ils picquoient lesdites bestes pour les faire ruer, affin que les poures pellerins cheissent, ou leurs chapeaux ou leurs bonnets.

Car adonc les compesoient de paier quelque chose.

Et pour ceste appointement fusmes quittes pour quatre marssels et demie que vallent a nostre monnoie trente gros.

Lesquels baillasmes audit gardien. . . . Nous nous aventurasmes ung petit de regarder Jaf; mais che a estes ung grand edifice et espesse muraille. Pour lheure ny a nulles maisons, et ny demeure nulluy sinon dix hommes qui font le guet en deux tourres qui y sont encoire ou il y a artillerie; et aussy font lesdis guetteurs feus sur lesdites tourres quant ils perchoyvent quelque batteau sur la mer.

Lesdites tourres sont environ cent ou six vingt pies de lung a laultre et sont haultes assises, car la ville estoit tres haulte et veoit on quelle grandeur elle avoit. On veoit les murailles rompues de bricques par grandes pieches, de loing samblent roches. Nous fusmes tout cedit jour encoire en ladite cave, car nostre patron et laultre ne scavoient contenter les seigneurs quil ne fuct nuict. Et nous fit on paier un medincq pour le plaiche, au capitaine desdites tourres. Et puis nous couchasmes tous sur le terre en attendant nostre partement.

Le partement de Jaf de l'aller.

Le troisième d'aoust ainssy que a quatre ou cinq heures du matin chascun print ses besognes et puis montasmes sur les bestes quon nous avoit admenes et partismes de Jaf ; mais avant que fussiesmes alles demy lieue, je vis tomber pluseurs pellerins de leur asne, car il y a largement sabellon ou lesdites bestes senfonssoient, et aussy elles navoient point de brides pour les tourner, sinon une meschante corde, se falloit avoir patienche. Il ne croit rien autour de Jaf, car il ny a nulles maisons, et ny a que de lherbe ; le païs est assez plain jusque a Rasme. Nous trouvasmes environ trois mille de Jaf ung petit hameau qui solloit estre une grande ville ; mais elle est toute destruicte ; il y a deux belles fontaines autour dudit hameau, y a bon païs fertil. Nous fusmes bien esbahis de ce que trouvasmes apres au dela, car nous veismes plus de cent vasches mortes, et leur avoient laissies leurs peaus. Le mortoille y estoit tapee. Lesdis turcqs ont une fachon que jamais ne tuent une vache pour la mengier ; et selle meurt il lui laissent la peau. Nous arrivasmes audit Rasme environ quatre a cinq heures. Se demourasmes la, car il faisoit sy chault que ne poiesmes durer ; la ville est quasy toute destruicte. Nous fusmes logies en une grande plaiche que ung duc de Bourghoingne fit faire pour logier les pellerins et acheta le tres fon pour ce faire. Nous y fusmes bien deux cens et se tout estoit entier il y avoit bien plaiche pour quatre cens. Sur che qui est demoures entier on vat ainssy que sur les rues, mais il y a largement de destruict. On nous y apporta des vivres comme des poulles boullies et rotis et oeufs et pain assez, mais il estoit plat comme une flameque et nestoit que demy cuit. On nous aporta du bon rosin que nous rafreschit fort, car a grant paie poousmes avoir de leaue. Il y avoit un puich en le cour, mais les paillards turcqs nous en vollerent point laissier tirer, et le nous vendoient ung marquet plain ung pot environ de deux lot; toutesfois le marquet vaut quatre tournois. Ainssy que environ six heures au vespre vinrent tous nos asnes et mulles allentree dudit lieu pour nous cuydier mener de nuict en Hierusalem, et nous battasmes le souper; mais les villains turcqs nous demanderent de nostre vin et en burent tant quils furent quasy tous yvres. Se fut donnes le conseil du seigneur de Hierusalem par lavis du beau pere gardien dattendre jusque a minuict pour partir, penssant que lesdis paillars seroient denivres. Il fut a deux heures pers du jour avant que reussiesmes nos bestes, et se naviesmes oses dormir.

Le departement de Rasme a l'aller.

Le quatrième d'aoust, comme dict est, nos asnes furent toutes ramenees a lheure dict; mais il y avoit belle huee. On ne scavoit recongnoistre sa beste, chascun crioit le nom de son homme. Et y avoient des pellerins quils disoient que nestoient point leur beste, elle leur sambloit daultres couleurs et plus petites. Toutesfois nous remontasmes tous et trouvasmes deux meschants villaige assez pres lung de laultre. Et y avoit maulvais chemin plain de pierre et y a grament a monter et a deschendre. Et sy avoit aupres desdits villaiges pluseurs vasches mortes a toutes leurs peaux comme aviesmes trouves le jour devant. Apres nous fallut monter une montaigne ung au cop, ou il y a largement pierres au chemin que faict grant paine aux pellerins, car on a assez a faire a hauchier ses jambes et aussy a conduire se beste. Et y eult pluseurs qui tomberent et se crioient bien hault; il y eult ung pellerin de toulouse, assez gaillart homme que cuyda passer son homme devant luy et tourna son asne de costes montant sur le roche. Dont il y eult ung paillar de turcq qui prit des pierres et rua apres ledit toulouzain pellerin, se lattaindit au hattreau. Je le vis, car je y estoye le plus prochain derriere. Quant ledit pellerin se senty ainssy frappe dit quil le diroit au capitaine qui nous guydoit ; oyant celuy deschendit dung asne quil avoit et vint audit pellerin, et luy donna tant de cops de baston sur le dos quil le fit tomber et son asne aussy ; dont le poure homme cryoit que cestoit une grande pitié ; je leusse volontiers ayde a se vengier ; mais ce eusse este sur ma vie, et encoire daultre, se luy convinct avoir patienche. Et nous montasmes tant que perchusmes la mer a la senestre maing, et a la maing dextre veismes une montaigne ou il y avoit de belles vignes. Encoire nous falloit monter tellement que depuis le commenchement jusqua mont mismes bien trois heures ; et puis nous devallasmes ung petit, et trouvasmes ung lieu qui estoit tout destruict. Il y a une fontaine dont deschendismes trestous pour nous rafreschir, car nous nen poiesmes plus de chault et nous assismes en lombre de gros arbres qui sont la portans ollives, et en y a largement. Et adoncq mengeasmes de nos provisions, mais il nous fallut passer de ladite fontaine, car tous nos vins furent hors des Rasme, dont ne demourasmes que environ une heure et nous mismes a chemin, dont trouvasmes du terrible païs, monts et vallees plains de pierres ; et se faisoit si chault que morut ung de laultre nave, et cheut jus de son asne et en y eult plus de trente quon cuidoit quils deussent morir. Nous naviesmes mais quune lieue jusque a la saincte cite. On mit le pellerin mort sur son asne jusquau mont de Sion ou les cordeliers se tiennent, et nous aultre on nous fit deschendre contre ung hospital qui est environ a deux jets de boulle pres de la porte, dont nous qui estiesmes premiers attendirent les darrains. Mon compagnon Jehan du Bos vint et aussy ung prestre ; mais ils nen pooient plus et les fallut mettre jus de leurs asnes quils se pasmoient. Je avois encoire a me courroie ung petit pot ou il y avoit du ciros violet. Jen desmellay avec de leaue que avoie encoire et leur donnay a boire a tous deux ; se revint a eulx. Cremant que le boire ne les refroidast, trop leur conseillay de eulx lever, et se appoier a moy tant quil seroient en la ville ; mais ledit prestre me pria que le laississe la ung petit refaire. Mondit compaghnon Jehan du Bos me crudt et se appoya sur moy. Se le menay tout bellement ; mais Dieu scet quant fusmes dedens la ville de Hierusalem comment on se mocquoit ad cause quils veoient quil estoit grant homme et ne pooit aller de mattetes ; ils huoient et lappeloient *matan*.

Quant fusmes audit mont de Sion trouvasmes tous nos gens a table ; car ils sestoient hattes pour boire et mengier. Je demanday du pain et du vin et fis des soupes pour ledit du Bos. Et puis le fis couchier sur le lict d'un religieux. Adoncq allay penser de moy ; et soyez seur que avoie bon apetit. Loes soit Dieu je me refis, car le vin estoit le millieur que navoie jamais but ; et est des vignobles desdits cordeliers lesquels font ledit vin. Je vis passer le compaghnon dudict prestre. Je lui demanday son ne lestoit point aller requerir. Je luy dis que lavoie laissies contre ledit hospital hors de la ville, et que navoit point vollu venir. Adoncq il y courru ; mais quant il vint la, ledit prestre penoit fort a la mort ; et se estoit sy dehet la matinee voire encoire a lheure de midi. Cestoit la seconde fois quil faisoit le sainct voyaige, et se avoit estes le fois de devant au mont Sinay ; le baillieu de Diepe lui avoit faict raller et se paioit pour luy. Soubit quil fut environ de une heure, audit mont de Syon morut ledit prestre. Dieu ayt son ame ; cestoit ung homme de bien. Il se nommoit sire Denis et estoit de Diepe. Le poure bailly en fut bien dollant. Je allay veoir mon compaghnon lequel estoit tout dehet et avoit tres bien reposes. Il se leva et puis allasmes regarder tout le lieu desdits cordeliers , car il nestoit que environ six heures au vespre , et y avoit environ trois heures que estiesmes la arrives. Ainssy fust mondit compaghnon bien tost refaict. Loes soit Dieu ; mais il y eult encoire ung pellerin de laultre nave qui ne se sceut refaire , et morut ung petit apres ; il estoit d'Anstredant homme fort robuste. Sen fusmes bien esbahis. Ainssy par le mais chemin et grant chaleur morurent lesdis trois hommes. Dieu leur pardoint.

La deschente en la saincte cite de Hierusalem.

Apres avoir estes longue espace audit mont de Sion, nous baillerent lesdis cordeliers ung tapis turquois pour coucher deux sur ledit tapis , ainssy eulmes bien cent tapis , car nous estiesmes plus de deux cens pellerins des deux naves, avec lesdis tapis nous baillerent ung coussin pour faire les ceves. Mais le deuxieme avoit petite partie. On nous mena logier en trois parties, les ungs ou sainct Jacques le grant fut decolles, et est une petite religion, daultre sorte de crestiens que nous; et est le plus prochain logis du mont de Sion. Daulcuns aultres pellerins furent logies a ung grant logis assez pres de leglise du mont de Calvaire ; et vat on bien sans eschelle dudit logis sur ladite eglise. Nous fusmes environ quarante logies en ung logis assez pres dune porte de la ville et nest point long du chasteau que Godefroy de Bouillon fit faire. Ainssy chascun venu a son logis loua Dieu. Et je croy quil ny avoit nuls que ne ploura de joie que le createur lui avoit faict tant de grasce de venir jusque la. Apres allasmes reposer.

Le lendemain cinquième d'aoust bien matin nous vint esveiller celuy que gardoit nos logis , et nous dict que alliesmes a le messe

14.

du mont de Sion, jen fus bien esbahis, car ils estoient sarrazins. Nous fusmes bien tost pres, car nous nestiesmes point desbilles et aviesmes estendus ledit tapis sur le planchage, et puis nous estiesmes couchies dessus et par force destre hodes, reposames tres bien. Chascun de nous se partit dudit logis pour aller faire ses devotions. Dont quant fusmes pres dudit mont de Sion baisasmes le lieu ou sainct Jehan disoit messe devant le vierge Marie. Et a lautre let du chemin a la main dextre environ a sept pieds pres est le lieu ou la benoiste vierge Marie trespassa; dont on voit la pierre de sa tombe. Il y a pleniere remission en disant *ave Maria*; on a ung petit enclos le lieu de pierre lune sur laultre sans machonner et est faict ainssy environ de quatre pieds de hault. Tout pres de la est une pierre ou sainct Matthieu fut esleu apostre en lieu de Judas. A lautre les a la main senestre, comme au touquet dune rue environ a quarante pieds pres desdis lieux devant dis, a une pierre et est le lieu ou nostre sauveur preschoit, et ou il declara le nouveau testament; et sy a encore tout pres de la tant de belles choses, cest dommage que tout nest bien enclos, car les gens et bestes y vont. Apres avoir veu lesdis lieux allasmes ouyr messe a la chapelle dessus dite, ou on monte six degres, et puis trois quant on est au porget. Le grant autel de ladite chapelle, cest le lieu ou nostre saulveur estoit assis, quant il fit le cene a ses apostles. De costes a la main dextre a ung autel, cest le lieu ou il lava les pieds audits apostles. A la main senestre y a ung aultre autel, et cest le lieu ou il leur donna son corps. Quant nous eusmes faict nos devotions sur lesdicts saincts lieux, on alla dire une haulte messe sur le grant autel, dont tous les cordeliers dudict lieu chanterent. Apres que celuy eult dict ladite messe, nous fit ung beau sermon en nous monstrant le foy et comment nous estiesmes avec nos ennemis, et que prenissiesmes patience; et puis nous donna de la puissance quil a du pape pleniere remission ; et mesme dict que sil y avoit des excommunies ils estoient absoubz. Apres fismes une procession a tout chascun une chandelle de chire, et nous menerent les cordeliers ou le benoist createur envoya le sainct esprit aux apostles. Apres on adverty que nous venissiesmes veoir enterrer les trois pellerins devant dis ; dont y allasmes et les boutant tous trois en une fosse dedens le gardin desdis cordeliers. Apres che nous en vinsmes chascun en son logis. Puis nous envoyerent lesdis cordeliers a chascun ung pain environ dung parsis et du vin a chascun environ une pinte ; mais le vin est si bon comme ay escript devant en boutant eaue autant encoire estoit il bon. Lesdis cordeliers nous envoierent pour le souper encoire autant de vin. Et nous achetasmes des oefz tous cuis a aulcuns garchons qui nous les aporterent, et souffloient contre pour monstrer quils estoient chault. Et crioient *ove cotte ades, ove cotte ades*, cest a dire oefs cuis maintenant ; lesdis garchons nous vendirent du bon rosin et du pain pour souper assez mal cuit, daulcuns plat comme de la patte cuite es cendres. Nous demourasmes toute lapres disner en nostre logis disant nos devotions et escripvant ce que nous aviesmes veu.

 Le sixième d'aoust on nous vint dire bien matin que iriesmes en Bettanie. Se prismes nos choses que y volliesmes mener et trouvasmes ja nos asnes et mulles a lentree du mont de Sion nous attendant. Mais il y eult plus de trente prestres qui eurent devotion de dire messe ; et ad cause que ny a que sept autels le chaleur vint avant quon eult fait, se ny allasmes point pour ce jour de peur de perdre de nos gens, comme aviesmes fait le jour que vinsmes en Hierusalem, et nous en vinsmes disner et nous envoierent lesdis cordeliers nostre pain et vin comme devant.

 Apres disner pour passer le temps jay voulu escripre ung petit de Hierusalem. Cest une pitie comme elle a este destruicte et rattisie. On ny voit quasy personne sinon des mores blancs et noirs. Il y a labeur sur des maisons mesme ay veu des arbres et des orengies et des vignes croissants sur lesdites maisons. On vat sur toutes entieres aussy bien que sur les rues, car elles sont toutes en pierres sans rien de bos, faicte a arcures et cimentees dessoubs ; et puis on y a portes de la terre ve la ou jay veu de la belle labeur. Je y ay veu une grande campaigne de verds coles ou vers choulx aussy beau que en nostre païs. Le nuict devant ouysmes tousjours chanter au temple de Salomon, et veoit on bien aplain les lumieres qui estoient dedens, et par dehors et y a es travers des portas escoperches ou pendent pluseurs lampes quy y ardent toute le nuict, et devant lesdis portas avoit pluseurs gens danssant ; avec eulx estoient ung bon instrument que jouoit plaisamment. Nous ne dormismes guairre cette dicte nuict, pour entendre leurs vois. Je croy que cestoit le guet. De la grande clarte que y estoit, veoit on bien aplain le comble dudit temple lequel est rondt et couvert de plomb. Je me tairay pour ceste heure; et voeulx parler dautres saincts lieux. Au prime vient le bon; et pourtant entendes.

Apres avoir escript allasmes veoir la maison de Cayphe, elle est assez pres du departement des apostles devant dict. Ladite maison est maintenant une religion daulcuns crestiens differents de nous, et ne savent que cest du latin ; lentree est basse. Quant on est dedens a la main senestre, est le lieu ou estoit le cuisine ou sainct Pierre salla chauffer. Au milieu de la cour y a ung petit preau et y avoit ung olivier. Cest lieu ou sainct Pierre dict a la femme quy ne cognoissoit point nostre saulveur. A la main dextre veis le plaiche ou le coq chanta. Et tout pres est le lieu de le fenestre par ou nostre seigneur regarda ledit sainct Pierre. De costes lautel qui est maintenant ou les religieux disent messe a ung petit lieu environ de quattre pieds en carrure fort emmure. Cest le lieu ou fut mis le benoist createur en prison tant que les paillards eussent dormy. Hellas nous y entrasmes nous quatre, mais nous estouffismes de chault. Le bon seigneur y estoit bien estroictement. Je avenoie bien au coupelet de la vaussure. Le pierre de lautel ou lesdis religieux dissent messe, cest ladite pierre que faisoit cloture au sainct sepulcre de nostre seigneur ; elle a pres de sept pieds ou plus et se a bien quatre pieds de large et est fort espesse. Apres allasmes veoir ou lagneau pascal fut roty ; cest tenant la chapelle du mont de Sion. Tout pres est enterre David et Salomon. Apres allasmes pour ouyr vespres des cordeliers. Le gardien de Beteleem recheut des lettres de mon compaghnon Jehan du Bos. Nous luy priasmes que nous confessas, che quil fit. Et deschendant de sa chambre pour venir au cloistre trouvasmes ung puich dudit couvent. Che fut ou leaue fut tiree pour laver les pieds aux saincts apostles, tenant a ung trau dedens ung mur, ou on voit ung coppon de la saincte coulombe ou nostre seigneur fut battu, et est de mesme grosseur quelle estoit, et a environ de haulteur deux pieds et demy. Apres on nous dict que au pied des degres du mont de Sion, cestoit le lieu ou nostre dame faisoit son oraison. Apres que eusmes ainssy visite ce que dict est, on nous dict que alliesmes trestous souper, et que apres yriesmes tous a leglise du sainct sepulcre.

Environ six heures ou sept allasmes tous a lentree de ladicte saincte eglise, on nous compta et puis entrasmes dedens et puis on nous enfruma jusqua lendemain environ sept ou huit heures au matin, dont que fusmes environ vingt pies dedens ladite eglise, trouvasmes le lieu ou nostre seigneur fut mis quant il fut detachies de la croix, et que la vierge Marie vollut avoir sur son geron, pour le baisier ; et fut la ou il fut ensevely. Chascun voullut faire son oraison ; mais les cordeliers nous firent lever et nous menerent au boult de ladicte eglise en une chappelle ou on monte trois degres et y a trois aultels. Lung des cordeliers fit ung beau sermon, et nous dict que lautel du millieu est le lieu ou nostre seigneur sapparut a sa mere le jour de Pasque. Lautel a le main senestre est le lieu ou la saincte vraye croix fut esprouvee sur ung homme mort, et fut resuscites. A lautel a le main dextre il y a une piece de la saincte coulombe de le mesme grosseur, et a deux pieds de hault.

Apres que ledit cordelier eult fait son sermon chantasmes *salve regina* tous ensemble. Puis apres nous deschendismes de ladite chapelle environ a quatre pieds. Nous declara ledit cordelier que cestoit le plaiche ou le Magdelaine estoit quant nostre seigneur saparut a elle. Et puis nous monstra ou nostre seigneur estoit. Et y a sept pieds de lung a lautre. Apres on nous mena ou nostre seigneur fut mis tant que les villains eussent apreste sa croix. Et puis on nous mena ou saincte Helaine fit son oraison a Dieu, pour trouver ladite croix, long tamps apres la ressurrection ; et deschent on pluseurs degres ou elle fut trouvee.

Apres on nous mena en une chapelle ; c'est le lieu ou on couronna nostre seigneur pour le donner a entendre. Che fut quant on le devestit sa robe de pourpre ; il fallut rotter ladite saincte couronne. Car les robes encoire de par la il les fault vestir comme ung tournicle. Et ainssy quant ils eurent devestu le bon seigneur, lui remirent sur son chief ladite couronne. Ainssy en firent ils quant il fut mis tout nuds, cestoit pour luy faire plus de mal. Et par ceste manière fut ledit saulveur trois fois couronné. Apres on nous mena au mont du calvaire, ou on monte dix neuf degres, et y a trois autels ou on dict messe ; et est une belle chappelle maintenant tout quarree, environ trente quatre pieds. On y voit le trau ou le saincte vraye croix fut boutée, et est environ a trois pies pres dung autel a le main senestre; je y boutois mon bras et mes chappeles et aussy tout ce que volloie touchier dedens ledit trou. Lentree est ronde et bordee de leton dores. Tout pres on veoit le roche que se fendit; entre les deux aultres aultels est le lieu ou le benoist createur fut claue.

Apres avoir estes longuement la, nous vinsmes baisier le lieu ou il fut ensevely ; cest de costes le coeur. Il y eult pluseurs qui plou-roient maintes larmes ; on nous y laissa autant que nous pleut. Tout pres de de la une chapelle cavee au piet dudit mont du cal-vaire. Dont a lentree a le bonne main est le sepulture Godefroy de Bouillon, et est escript sur la tombe en lettre latine, et devant est sepulture Bauduin le frere dudit Godefroy ; derriere lautel de ladite chapelle, on voit une grande roche que se fendit comme celle de dessus.

Apres allasmes veoir le sainct sepulcre lequel est au milieu de la nef de ladite eglise. A lentree de la chapelle dudit sainct sepulcre y poeullent bien six ou sept personnes, mais ou le sainct sepulcre est ny poeulent que trois personnes a laize. Et se fault abaissier pour y entrer. Le vaussure dessus est ronde et na que environ que huit ou neuf pieds de croisure a lendroit vient le clarte dedens la dite nef de leglise et quant il pleut leaue deschent sur le capiteau du sepulcre ; mais il ny poeult mal faire, car il est de quevre. Apres avoir visites tous lesdits saincts lieus, lesquels sont enclos dedens ladite eglise laquelle est grande et large. Saincte Helaine le fit faire en le sorte quelle est. Et prit on le plus part des pierres sur ledit lieu de calvaire; et se che nestoit que fault avoir foy cest bien une chose pour se emerveiller ; car a ceste heure est ladite eglise quasy au millieu de Hierusalem. Apres avoir mis par escript les instances des lieux dis reposasmes ung petit sur nos tapis que aviesmes portes. Quant il fut environ minuict chascun prestre prit ung autel pour dire messe. Il nen y a que vingt deux ou on chante a nostre mode ; se fallut quils attendissent tant que les premiers eurent faict, car ils estoient bien soixante deux prestres tant seullement de nos deux naves sans les cordeliers du mont Sion, quy y vollurent aussy dire messe. Lung des prestres que sestoit accompagnes de Venise, nous vint esveiller pour ouyr sa messe, et nous apointa en le chappelle et au mesme lieu nostre saulveur saparut a sa mere le jour de Pasques. Cestoit belle chose de veoir les messes quon disoit et les pleurs que faisoient daulcuns bons pellerins et pellerines : et aussy de ouyr les estranges nations crestiennes ; car il y avoit sept manieres de crestiens. Cest assavoir six manieres sans compter nostre maniere. De nostre mode chantoient en la chapelle du mont de calvaire ; et sur le sainct sepulcre et en le chappelle ou nostre seigneur saparut devant dit. Et les grecs chantoient au coeur de ladite eglise. Le tierche maniere de crestiens sont nommes nestoriens, et font leur sacrifice sur ung autel joigniant a le chappelle du sainct sepulcre ; et trois prestres a dire messe ; mais celuy du millieu, je luy vis partir une hostie en trois, et depuis lui vis bailler les deux parties en le palme des deux aultres prestres, et puis tous trois userent ladite hostie. Le quatrieme maniere de crestiens sont nommes jacobites et sont destranges païs, lesquels furent convertis par monseur sainct Jacques le majeur. Le cinquieme maniere de crestiens sont idiens, et sont noires et magres ; ils font des sauvaiges cerimonies, car a le fois tenoient lung lautre, et sambloit quils dansassent, car il y en avoit ung desdis prestres qui tapoit dung boult de fer sur ung aultre, et nous sambloit quils dansassent, et au son de cela, et ont aussy une chappelle a part. Le sixieme maniere de crestiens sont armeniens et font aussy leur cas a part, et sont differents as aultres. Le septième maniere de crestiens sont nommes georgiens et font si grant diligence de servir Dieu a leur mode que chantent toujours, et toute le nuict chanterent, et ne cesserent de aller enchensser tout par tout lesdits saincts lieux, et estoient richement revestu de belles cappes assez semblables a nostre mode. Apres avoir veu les manieres de faire desdis dessus nommés, nous reposasmes ung petit sur nos tapis attendant le jour et aussy lheure que on nous vint deffrumer.

Le septième d'aoust environ sept ou huit heures comme dict est les turcqs nous vinrent deffrumer. Se vuidasmes ung au cop. Je regarday mieulx a loysy le portal par dehors que navoie faict au entrer, et est tres beau. On y solloit entrer par deux entrees ; mais pour lheure y a deux foeuilles dudit portal emmurees ; il y a une belle large plaiche devant et carree. Le prison de la ville de Hierusalem est droictement devant ; et sont les poures prisonniers enchaines par le hattriau deux a deux. Nous les vismes bien dudit portal. Nous en vinsmes disner a nostre logy. Puis environ trois heures apres, deux cordeliers nous menerent par les rues. Premier on nous monstra ou sainct Pierre fut prisonnier, le lieu estoit fort au boult dung grant logis ; plus avant nous allasmes jusque a lung des portas du temple Salomon ; mais nulz ny osa entrer dedens, car il faudroit regnier nostre loy, ou estre soyes a travers le corps, la sentence est sy faict. A travers dudit porta y a deux escoperches ou pendent pluseurs lampes quon allumes toute les nuicts. Voir et sy a plus de cent pies dudit portas jusque au temple. Car quant y voldroit aller de lentree desdis portas fauldroit monter du main vingt degres ; et puis on voit encore ung grant preau entre ledit portas et ledit temple. Apres allasmes pluseurs rues, mais il y a bien des plaices destruictes. On solloit aller tout a toit couvert, et sur les maisons et eglises, qui sont demouree entier, on vatz si bien que par les rues. Nous vismes mains petits bouticles comme hobettes de sept pieds de large et profondeur et haulteur. Apres on nous monstra une maison qui estoit a Marie Magdelaine, et droit devant est le maison du faulx riche. Apres ung peu plus oultre y a une pierre ; ce fut ou nostre seigneur fut lasses de porter sa croix et layda ung homme nomme Simon Serenee, ung peu plus oultre est ou la vierge rencontra son fils portant sa croix, cest maintenant une estable a chevaulx ; jen vis des beaus. Ung petit oultre est le maison Pilate. Le seigneur de Hierusalem est loge en lung des bourgs. Nous allasmes baisier le lieu ou estoit nostre seigneur quant Pilate dit : *ecce homo*. Apres nous vuidies rentrasme en ung lieu ou Pilate fit batre nostre seigneur, cuidant le faire eschaper pour cela. Le colombe avoit bien quarante pieds de hault. Car jay veu bien aplain ; cest une estable et y vis une grise jument. Nous vuidies de la, vis le maison dHerode, cest une belle plaiche ; il y a environ cens pieds de le maison Pilate. Apres nous fusmes au logis saincte Anne. Et est a lautre reng a la main gauce ; et y a pour lheure une belle petite eglise. Ung petit oultre a le bonne main fusmes ou lange touilloit leaue, cest assavoir le pissine que lange tous les jours touilloit; dont le premier que se baignoit estoit gary del maladie quil avoit. Cest tout pres de lentree du temple nostre dame. Je eus vollontiers entres audit temple ; mais ce seroit a faire comme au temple Sallomon. Apres allasmes jusques une porte que est aupres de la, et nous monstrat des beaux pelerinages pour lendemain. Se nous retournasmes en nostre logis, et en passant parmy une rue que naviesmes estes nous monstrat le maison de la Veronicle, dont fusmes bien joyeulx de avoir ainssy veu tant de belles choses. Je lay escript pour passetamps.

Le huitième d'aoust une heure ou plus devant le jour fusmes

tous pres au mont de Sion en attendant nos mulles ; il y eult de nos prestres qui dirent messe. Apres nous mismes a chemin pour aller veoir les saincts lieus de Betanie. Ainssy que le jour poindoit passasmes le toren ; mais nous ny arrestames point jusquau retour. Apres montasmes une montaigne ; ung petit apres trouvasmes le maison de Simon le lepreux, et le cordelier qui estoit avecque nous nous monstra ou la Magdelaine respandit le rice onguent sur nostre seigneur, dont le vilain Judas en fut envieulx. Apres on nous mena au chasteau de Betanie qui est quasy tout abattu. Et la fut que nostre seigneur resuscita le Lazarre. Dont pour lheure est enterres au mesme lieu. Et pluseurs de nos prinrent de sa tombe. On y a faict une petite eglise, et fut faite Helaine. Il nous couta a chascun ung medicq, que vault bien ung patart pour veoir ledit lieu ; nous y veismes aussy le lieu ou le Magdelaine fit sa penitanche quatorze ans. Apres allasmes veoir le chasteau de ladite Magdelaine ; et ny a mais guerre dentier. Tout pres de la est le lieu ou estoit le maison de Marte ; mais il ny a plus nulles murailles, et entre les deux lieus a une pierre ; cest le lieu ou nostre saulveur estoit assis quant Marte luy vint dire que sa soeur ne laidoit point a aprester le disner. Puis veu ce retournasmes le droict chemin de Hierusalem. Dont trouvasmes bon païs fertil plain de figuier qui portent bons fruicts, sy a des olliviers largement ; puis trouvasmes le mont dOlivet, ou il y a eult une belle eglise est encoire est assez belle et entiere. Et dedens a une cloture de muraille ou est le lieu et les ensaigne des pies nostre seigneur quant il se partit pour monter aux cieulx, lequel ay veu et baisies. Il y faict bien devot. Et nous couta a chascun un medicq au turcq pour y entrer. Environ a soixante pieds de la est le tombe de saincte Pelage. Apres nous descendant dudit mont, trouvasme le lieu ou nostre seigneur plora pour Hierusalem. Les mores cest a dire les turcqs, y ont faict une petite mousque , cest a dire une petite eglise ; encoire ung petit plus bas se est une pierre ou nostre saulveur dit et monstra a ses apostles ou il tenroit son jugement. Le val est entre ledit mont dOlivet et le ville de Hierusalem. Ung petit plus bas a le main senestre du chemin, et tous pres est le lieu ou les apostles firent le *credo*. Ung petit plus bas a ledite main est le lieu ou nostre saulveur fit le *pater noster*. Ung petit plus bas se tourne on a la dite main senestre venant dudit mont comme dict est , cest le lieu ou nostre seigneur fut pris des villains juifs; il ny a que une estroicte allee, car on a mis des pierres lune sur lautre , affin quon ne voie point au gardin dOllivet ne a lautre de costes. Toutesfois nous entrasmes et prismes de ladite terre. Il y croit des beaus figuiers et olliviers; ung petit plus bas a le bonne main y a comme ung celier. Ce est le lieu ou nostre saulveur pria Dieu son pere. Ung petit plus bas a ladite main y a une eglise dedens terre , ou on deschent depuis lentree de lhuis de ladite eglise quarante neuf degres dont environ le millieu desdis degres a le main dextre est une vaussure et la est le sepulcre de sainct Joachin ; et tout pres est le sepulcre de saincte Anne , et tous bas de leglise y a une belle cloture de murailles , ou on entre par deux lieus et la est dedens le sepulcre de la vierge Marie. Et y avoit vingt quatre lampes ardantes deseure ledit sepulcre , il y faict bien devot. Quant nous fusmes hors de ladite eglise tournasmes par le main senestre pour raller par le toren. Dont nous monstrat le lieu ou sainct Thomas recheut la chainture de la vierge Marie. Dont elle sen alloit en corps et en ame en paradis. Apres que nous eusmes salues ledict lieu , vinsmes a passer le pont du toren , ou avoit estes longtamps lune des pieches de la saincte vraie croix faisant pont. Et la reyne Saba ny vollut point passer sur ladite pieche; mais vollut passer par le courant du toren; mais ladite eaue luy fit voie , car par miracle se arresta a tant que ladite royne fut passee. Le sepulture de Absalon est droict devant, lequel est bien richement ouvre en une roche. Nous salluasmes ledit pont du toren a cause que nostre seigneur avoit estes admenes par la, quant on le volut faire morir. Puis apres montasmes a mont, et nous en vinsmes disner. Apres environ trois heures allasmes sur le champ qui fut achete des soixante deniers, lequel champ est enclos de muraille de pierre dure, et est tout vausses, et y a pluseurs traus sur ladite vaussure. Dont quant il meurt quelquun passant, on le rue par lesdis traus sur ledit champ; on ne leur faict point daultre fosse. Les traus ou les apostles sallerent muschier, quant nostre saulveur fut pris sont esbas dudit champ achetes. Les meneurs qui estoient avec nous y entrerent se nous y boutasmes tous, et apres nos oraisons dict prismes du lieu autant quil nous pleut. La valle de Silloy est encoire plus bas. Apres on nous mena veoir la fontaine de Job. Apres nous retournant ung petit vers Hierusalem, on nous monstra le lieu ou le prophète Ysaie fut soiies parmy le corpz. Et puis apres en raprochant fusmes ou il y a une fontaine ou nostre saulveur reslumina ung aveugle. Et samble quil y ait eult quelque beau edifice autour de ladite fontaine. Apres on nous mena a une aultre fontaine, ou on nous dit que la vierge Marie lava la les drapeaux de son enfans Jhesus, quant elle aporta en Hierusalem; donc bumes tous de ladite fontaine. Et apres nous en vinsmes souper; mais loes soit Dieu, nous aviesmes bon apetit; car nous aviesmes bien tricasses depuis une heure devant le jour.

Le neuvième d'aoust, nous allasmes tous ouyr messe; et nous laissant reposer jusque environ quatre heures. Apres que nous trouvasmes au mont de Sion, soubit prismes nos bestes et partismes pour aller en Beteleem, dont nous fallut paier chascun ung medicq que vault bien un patart; et fut au sortir du lieu, ou estoit par cy devant lentree de la ville. Dont fusmes bien esbahis, car ils nestoient que deux meschants paillarts de turcqs. Se nous fallut laissier composer desdits paillarts par le conseil de nos deux patrons. Apres che trouvasmes chemin bien large, dont a ung lets et a laultre y a belle vignoble, ou il y avoit force roisin, et sy avoit pluseurs arbres portans fruicts, comme figuiers, amandiers et olliviers, et dure bien cedit trois mille ; jusque en Beteleem nest guerre bon, et sont tous pierres et roches. Tout pres dudit Beteleem tenant le chemin a le main dextre, est le sepulcre de Racel. Et aupres a ung champ de terre, ou tous les ans, quant les pellerins passent par la les turcqs y recoltent des petites pierres que resamblent pois et les vendent aux pellerins. Ils congnoissent et disent que la benoiste vierge Marie enssainte de son enfant Jhesus trouva en passant par la ung homme qui semoit des pois ; la belle dame lui en demanda, mais le villain dist que cestoient pierre, et adoncq devindrent pierres, et en ay veu tout plain desdites pierres, qui ressemblent pois. Le miracle en est encoire sy grant que dient que nen trouvent point sinon quant les pellerins passent par la. Nous arrivasmes en Beteleem environ six heures au vespre, et quant nous cuidasmes entrer au couvent des cordeliers qui est de costes de la ville a le main senestre, il nous fallut paier chascun ung medicq aux turcqs qui estoient a lentree de leglise. Cest ung grant lieu plus beau que celuy de Hierusalem ; a estes plus beau encoire quil nest, car y a granment de destruicts ; mais leglise est assez belle, et y a quarante deux collombe haulte samblent jaspe lesquelles soustiennent les achainte de ladite eglise. Apres avoir regarde ladite eglise, les cordeliers a tous la croix, et nous tous ayans une chandelle de chire, fismes procession et nous menerent au lieu ou nostre saulveur fut nes. Tout pres est le lieu ou il fut mis en la grebe, et tout pres est le lieu ou lestoille luisoit dedens ledit lieu par ung trau de ladite maison. Dont il y a trois autels, ou on dit messe ; et faut deschendre bien bas , pour veoir lesdits saincts lieux. De costes est ung petit lieu , ou sont les corps et osse de pluseurs innocens. Assez pres est le tombe de sainct Jerome ; mais le corps a este transmues. Apres avoir faict nos devotions remontasmes en leglise; et nous monstrat le lieu ou le saulveur fut circoncis ; et puis nous monstrat le lieu ou les trois rois vinrent offrir. Apres avoir faict nos devotions, nous baillerent les religieux plain nos bouteilles de vin, et a chascun ung pain et deux oefs. Et allasmes souper les ungs sur les galleries ; et daulcuns es cloistres et en leglise, et puis ausdits lieux nous endormismes jusque lheure de minuict qui fut heure de dire messe. Adoncq nous resveillant.

Le dixième jour d'aoust comme dessus est dict nous levasmes ung petit apres minuict ; et allasmes ouyr messe au lieu ou nostre seigneur fus nes ; mais il y faisoit bien devot. Car incessamment avoit tousjours trois autels ou on disoit messe , sest le lieu petit environ de douze pies de large. Dont il fut pres du jour on nous mena a pied veoir ou langele monstra le chemin a Joseph quant il mena la vierge Marie en leglise ; et est deschendant le montaigne dudit couvent , car il est hault assis. Ung petit oultre en ung plat champ nous monstrat le lieu ou langele anuncha les nouvelles aux pastoriaux ; il y a une belle eglise petite ; mais tout est abattu. Le cordelier qui avoit acoustumes de preschier nous fit ung petit sermon, et puis chantasmes tous *Gloria in excelsis Deo* tout au long. Et puis retournasmes audit couvent et prismes nos asnes. Dont environ trente pellerins retournerent en Hierusalem , et nous aultres passames par la ville de Beteleem , et la perchusmes les chievres aiant longues oreilles pendantes comme a un chien limier. Ladite ville de Beteleem est petite et les maisons poures , et y a meschante muraille de pierre de gres. Apres allasmes de costes le ville de Gazal lequelle est haulte assise, et le laissasmes a le main senestre ; mais pluseurs hommes, femmes et enfans de ladite ville huoient et crioient pour nous vendre des poulles et des oefs et du rosin, et cuidoient ceulx de derriere quils vaulsist destourber de passer ; car cestoit un tres perilleux chemin, et estroict sur le pendant dune montaigne, et tenismes bien une grande demy lieue de païs. En bas de nous estoient belles vignobles a le main senestre et par dela grande montaigne; et allasmes tant que fusmes ou sainct Philippe converty et baptisa un homme chatres nomme eunuc. Il y a eult en ce lieu une eglise, mais tout est destruict. Il y a une belle fontaine ; et la deschendismes de nos asnes pour desjuner, et nous rafreschir a ladite fontaine, laquelle nous sambla bonne, et mengeasmes de ce que aviesmes portes en nos besaches. Celuy a quy avoie baillies mon asne a garder me fit ung grant desplaisir, car quant cuyday monter dessus trouvay mes estriers plus court bien de demy aulne, et lavoit ainssy cope le pailliar, dont les me fallut refaire de me courroie. Nous remontasmes tous, puis retirasmes ung petit le chemin que estiesmes venus, et puis nous tournames sur le main senestre tant que fusmes au lieu, ou se tenoit saincte Elisabeth. Et pourtant fault croire que aviesmes estes le chemin ou le benoiste vierge Marie avoit faict, elle estant enchainte de son enfant Jhesus, quant elle alla veoir sa cousine, le lieu ou sainct Zacharie se tenoit est assez pres de la y est ou se tenoit le plus ; et fut ou sainct Jehan fut nes. Aux deux lieux y a eult chascun une eglise petite, et les fit faire saincte Helaine ; mais a cette heure sont toutes destruictes. On y veoit encore de belles vaussures et aussy montee de dure pierre. Au millieu desdis deux lieux il y a une belle fontaine ; et il y a bonne terre fertille autour. Car elle est arousee de ladite fontaine par des petits ruios que vont dung les et de laultre. Je y vis des beaux choulx tout verds. Apres que nous eusmes assez regarde principallement le lieu saincte Elisabeth, en cuidant vuider dehors avoit a lentree deux paillards de turcqs, qui nous volloient composer a païer chascun ung medincq qui vault bien ung patart. Et boutoient bien rudement lesdis paillars deux femmes pellerines ; jen eulx pitié. Je commenchay a parler hault, et dire, ces traistres cy nous composeroient ils, et se ne sont que deux ; quy m'en voldra croire nous vuideriesmes malgre eulx. Et je vous promes par le sainct voyaige que ay faict, quil ny eult que ung de nos pellerins qui estoit hongrois lequel me aydesist, et me fit signe quil en teroit lung et le tint, et laultre vint a tout ung baston pour me fraper, et quant je vis la parence a tout mes besaches que avoie, ou il y avoit du pain et aultre chose donay sy grant horion au traicte ; il ne sen donnoit point de garde desdites besasches, donc il se senty frapper courrut pour se plaindre, adoncq chascun courut a son asne, et je men allay muschier contre ung gros ollivier, car il y en avoit largement. Aulcuns a quy javoie fait ce plaisir deschapper recongnurent celuy quy tenoit mon asne et le menerent la ou jestoie. Adoncq soubit je deslogeay et vins bien rade, tant que fusmes au lieu ou fut pris le bos pour faire la saincte vraye croix. Il y a une belle petite eglise, ou Dieu est servy de une sorte de crestiens nommes georgiens, et y faict bien devot en ladite eglise, et est faicte a la mode des nostres. Je fus heureux de venir des premiers, car je trouvay a lentree des marchands a tout des poulles roty. Sen achetay deux et nous en revinsmes environ une vintaine, et fusmes en nostre logy en Hierusalem environ deux heures apres disner. Dont nous reposasmes tout le reste dudit jour. Mais soies sceur que aviesmes tous bon apetit.

Le onzième d'aoust apres avoir ouy messe, demourasmes tous en nostre logis et y soupasmes et puis allasmes au sainct sepulcre ; et nous comptant en entrant dedens ledite eglise ; et puis nous tous

16.

dedens fusmes enfrumes comme aviesmes estes le fois devant. Adoncq chascun fit sa devotion, et quant vint lendemain le jour nous deffrumat.

Le douzième jour d'aoust on nous ouvrit lhuys de leglise environ lheure de sept heures du matin. Dont nous en vinsmes a nostre logis et desjunasmes; et puis nous tous dormismes ad cause quon nous vint dire que partiesmes toute la nuict au fleuve Jourdain. Dont apres reposes, vinsmes au mont de Sion. Et prismes chalcun nos asnes, pour aller au lieu dict. Il estoit environ quatre heures apres disner; et de haste aucuns avoient furent bien deux lieues avant que les deux patrons fussent prest. Se y avoit belle huee des trussements; ils crioient quon attendit le seigneur de Hierusalem, et ses gendarmes pour nous conduire; mais combien que lesdis trussements criassent; il y eult une bende de pellerins qui furent beaucoup oultre Betanie. Et quant les deux patrons virent que nulz ne venoient pour nous conduire; se arresterent a une fontaine qui est oultre Betanie en une vallee au millieu dung petit champ a le bonne main du chemin. Et adoncq firent retourner cheulx qui alloient ainssy devant. Jestoie lung des premiers; je fus bien dollens et les aultres aussy. Car nous y alliesmes de coraige. On ne veoit guerre mais de jour, et cuidasmes que fut pour nous faire attendre que la lune fut levee; mais cestoit pour nous dire quil y avoit pluseurs arabes sur le chemin que nous falloit passer; et nous monstrerent ung sur une montaigne, et disoit que cestoit le guet desdis arabes; mais je croy quils avoient envoye le faire par quelque garchon; affin quils fussent quittes de nous y mener cedit voyage. Et croy quils avoient faict demourer le seigneur et ses gens darmes a propos en Hierusalem. Et Dieu scet quelle vie il y avoit. Lung dissoit cest la maniere de ces Venissiens, puisquils ont nostre argent nous ne en arons aultre chose. Et aulcuns couards disoient ne vault il point mieulx a perdre ung voyaige que de perdre une telle compagnie il vault mieulx a retourner. Se sy accorderent les deux patrons, et retournasmes en Hierusalem. Je fus encoire plus dollens que navoie estes. Je trouvay sept ou huit assez bonnes testes qui me dirent si je volloie qui diriesmes aux patrons que ne retournerisiesmes point au païs tant que arriesmes estes audit fleuve de Jordain, et veoir tous les saincts lieux que y sont et quils prisissent gens assez pour nous garandir, et quils y estoient tenus. Dong tous dung accord le dismes a lung des patrons nomme Marcq Anthoine. Lequel dit quil ne teroit point a luy ; et feroit tant que irismes lendemain. Quant fut revenu a nostre logis et quant pensay que eussiesmes bien estes a moitie voie, car il estoit du mais dix heures en le nuict, je ne pouvoie durer denguaigne ; se me vengeay a me bouteille quon mavoit emplie pour boire au voyaige ; et puis mendormis sur le plancaige.

Lendemain treizième d'aoust qui estoit samedy nous quatre prismes devotion daller reveoir le sainct sepulcre de nostre dame, qui est en le vallee de Josaphat, et nous cousta a chascun ung marquet. Les paillards qui estoient a lentreé en volloient avoir, de chascun de nous, deux ; mais nous fismes signe de nous en venir, se nous appellerent ; cest ung lieu devot, et le regardasmes plus a nostre aise que naviesmes faict laultre fois devant a cause que aviesmes estes sy grande compagnie. Je fus bien esbahis de veoir tant de femmes y aporter leurs petits enfans. Et font cela par devotion quelles ont a la vierge Marie. Apres que eusmes faict nos devotions tirasmes ung petit vers Hierusalem, et nous monstrant le lieu ou fut sainct Estienne lapides. Cest environ a quatre pieds pres de ladite eglise. Apres nous recommandes audit sainct allasmes revoir le lieu ou nostre saulveur sua sang et eaue. Apres le lieu ou les apostles dormoient, et aussy ou le saulveur fut pris ; et aussy allàsmes veoir le lieu ou nostre dame se reposoit quant elle alloit visiter lesdis saincts lieux apres la resurrection de nostre saulveur. Il y a une grosse pierre au lieu. Se y ay faict ma marcq sur ladite pierre, se y ay retenu me plaice pour le jour du grant jugement. Dieu doint que ce soit a mon salu. Apres que eusmes la reposes ung petit retournasmes au mont de Sion pour ouir messe. Dont trouvasmes lung des patrons, que nous dict sans point de fault que partiriesmes environ trois heures apres disner pour aller audit fleuve Jourdain ; et que le seigneur de Hierusalem meneroit avec lui bien quatre vingts gens darmes, dont fusmes bien joyeux. Nous nous aprestasmes tous et vinsmes lheure dite au mont de Sion ; et nous remplit on nos boutielles ; et puis partismes. Le seigneur et ses gens darmes estoient la devant ; lesquels nous attendoient sur le montaigne de Bettanie ; et avoit ledit seigneur deux pavillons tendus fort beaus, ou il se tenoit pour le soleil ; ce sambloient de long deux petites toures, et estoit emerveilles. Car javoie regardes le païs le jour de devant et avoie veu nulles toures. Dont quant fusmes pres percheus que cestoient lesdis pavillons ; ils les reploierent et puis nous suirent. Nous trouvasmes ung petit plus avant que le vespre devant une fontaine quon dit des apostles. Apres ung petit oultre le montaigne ou Loth se tint avecque ses deux filles ; et est bien haulte. A le main senestre, apres trouvasmes une grande edifice destruicte, et le lieu ou ung venant de Hierusalem a Hierico fut destrousses et navres par des larons. Apres trouvasmes le lieu ou ung aveugle estoit, quant nostre seigneur passoit avecque ses apostles ; oyant le bruict ledit aveugle demanda quy cestoit quy passoit ; et on luy dict ; et luy ayant ferme foy, cria misericorde, et fut reslumines. Apres trouvasmes des grandes montaignes et vallees, et nous monstra a le main senestre le lieu ou nostre saulveur fit la quarantaine. Puis nous monstrat devant nous a le main dextre la ou Sogor et Gomor estoient et veismes bien leaue. Apres deschendus desdites montaignes trouvasmes ung beau plain païs, et nous monstrat Hierico ; la lune luisoit bien clere; et nous allasmes reposer dehors ledit Hierico, tout pres dune grosse toure quarree a maniere dung petit chasteau ; et apres avoir mengie ung petit dormismes sur la terre environ deux heures ; et puis nous reveillant pour abregier nostre chemin, et fismes tant que trouvasmes le chasteau ou sainct Jehan Baptiste estoit preschant, et quil dit *Ecce agnus Dei*. Environ une demi lieue plus avant trouvasmes le fleuve Jordain. Lequel est environ de largeur cent pieds. Leaue est trouble a le veoir ; mais en la main elle est assez nette. Oultre ledit fleuve y a ung petit bocquet comme ung petit saussoy et aussy au les deca ou nous nous baignasmes, et estoient bien verds lesdis saussois. Quant nous fusmes tous desbilles pour nous baignier le jour poindoit, dont aviesmes faict depuis Hierusalem trente mille.

Ainssy le quatorzième d'aoust comme dict est nous baignasmes, dont a entrer dedens leaue la terre est crasse, se ny scaviesmes entrer sans glicher, daucuns tomberent la teste en ladite eaue, et estoit toute chaude. Se y fusmes bien une heure, soubit nous rabillies montasmes sur nos bestes dont veiesmes bien aplain le lieu devant dict de Sogor et Gomor, et ny a dudit fleuve que environ quatre ou cinq mille, et y deschend leaue dudit fleuve, dont le lieu est appelles maintenant de tous cheux du païs mer morte. Ad cause que ny a jamais poisson. Et sil en y alloit dudit fleuve il moroit soubit; car le lieu est maldit et ne peut rien souffrir de vif; e. mesme ceulx du païs dalentour y vont querir en yver de lescume du bord de leaue de ladite mer morte, dont on en frotent les corps et branches de leurs arbres sans aller pres ou sont les boutons. Apres ce sont asseures sil y a fleur sur lesdis arbres de avoir fruicts, car pour lifecteur dudit lieu ny agrippe, honnine ne vermine. On nous monstra audit retour sur le lest de la mer morte, qui est a la main senestre le montaigne de Tabor ; mais il y a bien huit mille. En repassant parmy Hierico fusmes tous esbahis de vir sy poures maisons, et nest a cest heure que ung meschant villaige, les combles des maisons ne sont que de gros roseaux. Les gens sont fort magres et noirs, et nont dhabillemens que vaille. Et se y a beau plain païs pour labourer ; mais les paillars ne voellent riens faire et quant les poures pellerins ont a mengier il leur demandent et leur tauroient sils pouvoient. Nous vinsmes plus decha au pied de la montaigne delizee ou il y a une fontaine que nous fit grant bien. Le montaigne susdite est ou le dyable porta nostre saulveur, et y a maintenant une petite chapelle. Il y eult plus de vingt de nos gens qui y cuidoient aller faire leurs devotions ; mais ils furent contraincts de retourner pour le grant chaleur que faisoit. Toutesfois il y eult ung que saventura dy aller, et estoit de le ville franque aupres de Toulouse, nommes Michel et estoit barbier. Mais soies sceur quil souffrit bien du mal et pour le cause ; environ quinze jours apres salita malade et le fut longuement, et encoire le laissasmes malade a Rodhe et fut lung des six que y laissames comme cy apres ores. Nous disnasmes tous assez pres de ladite fontaine dElisee, et en busmes assez, loe soit Dieu ; puis apres ung petit reposes partismes. Ung suisse de nos gens qui alloit devant menoit son asne ad cause quil estoit lasses fut frapes dung paillart de turcq dung gros baston qui le fit cheoir a terre, et fut tant seullement quil alloit devant. Quant je le vis par terre cuidoie que fut de maladié ; je ne scavoie point quil eult estes frapes. Je appelay les compaghnons lesquels le remirent sur son asne et en penssant tres bien ; car il avoit de quoy ; et pourtant quant vat la il se met en subjection daultruy ; je leusse volontiers vengies ; mais force paist le prest. Nous eusmes tous bien chault. Car on nous avoit fait partir que nestoit que environ midy. Je croy que les villains le firent ad celle fin que quelque pellerin morut, car ches pailliarts le soeuffrent mieulx le chault que nous. Il me fut dit que de celuy qui morut de chault a une lieue pres de Hierusalem comme est escript devant que les paillars en eurent chincq ducas et sel neult estes celes et se nen seurent rien tant quil fut enterres, ils eussent vollu avoir dix ducas, et en prendent de chascun qui moeurent en chemin autant ou ils les fendent le ventre et ruent les tripailles aux bestes, et pourtant fault dire que nous firent partir ainssy a propos. Toutesfois loes soit Dieu, nous rentrasmes tous en vie en Hierusalem environ de neuf a dix heures en le nuict ; et nous fallut passer de vin. Car les religieux du mont Sion estoient couchies. Se busmes tous nos solz deaue, puis nous couchasmes et dormimes bien, car nous estions dehodes.

Le retour en Hierusalem du fleuve Jourdain.

Le quinzième d'aoust jour nostre dame bien matin nous rallasmes veoir le sepulcre de la belle dame et les saincts lieux alentour ; mais on ne veoit aultre chose sinon que femmes quy portoient leurs enfans sur leurs epaulles les tenant par ung pied. Et se trouvasmes aupres dudict sepulcre des mores qui faisoient grande priere, et baisoient le terre ; jen ouys qui disoient *Maria*, et tappoient leur couppe et se avoient laissies leurs sollers a lentree de leglise. Car ils font conscience dentrer dedens a tout. Apres avoir visite nous vinsmes au mont de Sion. Et nous dict on que apres souper nous iriesmes tous en leglise du mont du calvaire et estoit le troisieme fois. Dont a lheure dicte y allasmes ; et puis nous enfrumat comme on avoit faict les deux fois devant. Adoncq chascun se mit en prieres et oraisons.

Le seizième d'aoust au matin on nous ouvrit leglise. Se nous pria le pere gardien du mont Sion de aller disner tous audict couvent ; dont y allasmes ; et apres faict bonne chiere, le custode dudit couvent aporta ung bachin pour y mettre chascun sa devotion ; et aussy pour le vin qui nous avoient bailles tous les jours, que aviesmes estes la. Il y eult ung suisse lequel y rua cent cinquante ducas, que le seigneur du païs desdis suisses avoit baillies pour y donner ; je les vis compter lung apres lautre. Ung autre suisse donna vingt cinq ducas et puis les aultres pellerins donnerent lung dix ducas, huit, six, quatre, deux et ung, tellemant quils furent trouves audit bachin plus de sept cens ducas ; et se ne sont que environ vingt cordeliers ; mais il leur pooit bien couste vingt ponchons de vin sans aultre bien. Apres que chascun eult faict sa devotion de donner. Nous fut donnes des dignites autant a lung comme a laultre. Et puis on nous emplit nos boutielles plaines de vin cuidant qus deussiesmes partir pour retourner au païs ; mais les nouvelles vindrent quil y avoit tout plain la ville de Rasme de mores quy venoient de pellerinage de la vallee de Ebron, du les patriarches sont sepultures. Et pour le cause demourasmes audit couvent. On est bien heureux en cedit païs que ny pleut point.

Le retour de la saincte cite de Hierusalem.

Le dix septième d'aoust alasmes tous ouyr messe soies sceur en grant devotion, priant Dieu que nous neussiesmes nuls encombrures au retourner. Apres desjeunasmes et puis nous remplit on nos bouteilles plaines de vin ; et nos asnes estoient a lentree du mont de Sion nous attendant, mais avant que fussiesmes tous prest estoit bien trois heures apres midy. Se nous partismes, et quant nous fusmes ung petit hors la ville, nous retournasmes envers la saincte cite en nous recommandant a Dieu, et apres je croy que ny avoit nulz qui ne chantast de joye, et mon Dieu que jestoie dehet, ad cause que retournoie, et aussy bien que les aultres chantay. Mais le seigneur de Hierusalem que nous convoioit. Je croy quil en fut courchie. Car il nous donna bien a souffrir le lendemain, comme pores ouyr. On nous monstra ou estoit le chasteau de Emaus, cestoit a le main dextre de nostre retour. Nous ne passames point pres dune lieue. Nous fismes tant que vinsmes deschendre a le fontaine ou nous aviesmes disner de laller. Et demourasmes la pour la nuict, tant que la lune fut levee. Se mengeasmes de ce que aviesmes portes, et busmes du vin quon nous avoit reballies au couvent; et puis nous endormismes dessoubs les olliviers qui y sont et estiesmes a tant couvert, car lesdis olliviers sont gros et faisiesmes nos quevets du pied desdis olliviers.

Le dix huitième d'aoust environ trois heures avant le jour partismes de ladite fontaine, et fusmes au point du jour environ deux lieues decha le montaigne quy dure depuis ladite fontaine ; et attendismes les darrains. Et puis nous hattasmes de venir au bourcq ou villaige nommes sainct George quy est de costes Rasme. Et fut pour ce quil y avoit a Rasme tout plain de more lesquelz venoient des pellerinaiges des lieux devant ditz. Et craindismes quils nous fessissent aulcuns destourbies. Se fusmes mal traities, et neusmes que de le meschante eaue ; et croy que les pailliars y avoient rues plain dordure. Il me couta ung marssel a envoyer querir deux palmes lesquelles avoie laissiet a Rasme cuydant les

17.

prendre au retour. Il y eult des aultres pellerins qui y avoient laissies les leur. Se nen sceurent riens que avoye envoye querir les miesnes ; mais soies sœur que furent bien dollans. Quant eulx pris mon repas, je allay ung petit juer sans me trop eloigner de mes gens; et aussy il faisoit si chault quil ne meut point estes possible de me tenir demy heure au soleil. Je fus bien esbahis de veoir tant de bleds battus et vennes aux champs ; et y en avoit plus de cent mont. Et a lentour pour cloture y avoit des herbaiges picantes comme chaudes treppes, environ le haulteur de quatre ou cinq pieds, et ny avoit nulz que les gardist. Il faut dire quon y fache bonne justice; car je ouy dire quil le laissent la longuement. Je croy que cest pour faire avoir la rousee de nuict, affin quil se engrosse. Dont nous estiesmes la, il nous fut dict quil y avoit bien sept mois qu'il navoit point pleut. Et pour ce se aydent des puich comme ay escript devant. Le pais est beau et plain autour dudit villaige ; et autresfois a estes ung grand bourcq lequel estoit a monseur sainct George, et y fut decolles ledit sainct ; et madame saincte Helaine y fit faire une eglise a lhonneur dudit sainct George, et voit on encoire ou lautel estoit. Il y a le pluspart des murs abatus. Sur le muraille demouree y eult un turcq lequel alla crier a hault voix et nentendit sinon quil disoie : *Hella quella*, et y avoit estoupes lune de ses oreilles. Jeusse volontiers rues apres luy. Je demanday a nos trussemants que faisoit la ce pailliart. Il me dict quil annonchoit leur vespre. *Hella*, cest a dire Dieu, *quella*, cest ung aultre Dieu. Et ainssy comme dict est crioit ledit pailliart. Apres que le turcq eult ainssy cries, on nous amena nos asnes pour partir. Chascun ne desiroit aultre chose pour estre a Jaf ; et ainssy que cuidiesmes partir, le seigneur vint a tout ung gros batton, frapa sur pluseurs poures gens a qui estoient les asnes, et quant ils fuioient il ruoit ledit batton apres comme on faict ung porchier apres ses pourcheaux. Le traicte estoit ung crestien regnie. Quant veismes che nous arrestames de partir. Mais ung petit apres nostre patron nous dit que allissiesmes tousjours devant. Se ne demourasmes guerre ; car nous alliesmes de couraige. Veant trois ou quatre crestiens renies compaghnons dudit seigneur coururent apres ceulx qui alloient devant, et les foient retournez ; disant quils nous volloient mener a Rasme. Se fusmes bien estones, car nous eussiesmes bien recules deux grandes lieues. Dont veant les deux patrons prierent au seigneur que nous laissent aller a saufvetes a Jaf, et que lui donneroient quelque courtoisie ainssy quil lui plairoit ; se sy accorda. Dont sembloit a nous veoir aller que fussiesmes cachies de mille hommes, ainssy nous hattiesmes nous. Il y avoit des malades, mais on navoit loisir de les recreer. Car chascun pensoit de soy. Nous trouvasmes au prochain villaige de Jaf tant de ces pailliarts de turcqs ne scay de ou ils estoient sallis, car nous ny aviesmes nully trouves sinon que des vaches mortes a toutes leurs peaux, comme ay escript devant. Je croy que on les avoit fait venir pour eulx monstrer, car ils avoient pluseurs huttes, comme eult estes un siege ; il y eult pluseurs garchons qui ruerent des roncqs apres aulcuns de nous. Se en fut courchiet le gardien de Hierusalem, et luy montes sur ung bon cheval legier, et ayant une gaulle retourna apres lesdis garchons et en frapa pluseurs. Dont se emeurent les femmes sur ledit gardien et ruoient des pierres tant quil fut contrainct de sen venir. Dont vinsmes a Jaf il estoit jour failly. Nous cuidasmes aller tous nous bouter en es traus ou aviesmes estes de laller. Mais il nous fut bien deffendu, car il nous convint arrester et couchier sur le sablon pres de la mer. Daulcuns entre les grosses pierres, ou les villains avoient fait leurs necessites, et pluseurs aultres sur le pendent du mont de Jaf. Tellement quon ne se scavoit on tenir ; je le scay bien, car quant je cuiday ung petit dormir je desvallay contre des cameaux. Toutesfois il nous fallut avoir patienche et avoir le vent et la rousee quant fut bien grande. Tellement quil y eult pluseurs qui avoient portes des robes legieres de frises, mais ils furent perchies jusqua la chair et eurent des frodures assez.

La deschente a Jaf et du retour.

Le dix neuvieme d'aoust quant percheusmes le jour, nous nous trouvasmes tous fres de ladite rousee. Et quant le soleil fut leves fusmes tous esbahis que on nous faisoit point entrer en les petites barques que nous attendoient, pour nous mener en nos naves. On nous vint dire que naviesmes garde de partir, et que le seigneur nous volloit faire despendre la nostre argent, affin que les paisans guaignassent. Adonc il y eult ung des compaghnons des suisses, lequel avoit estes autres fois au sainct voyaige, et se avoit du couraige tout plain ; il alla aux patrons et avoit huncques quatre ou chincq hommes avec luy : dont fit une plainte ausdis patrons, disant quil nous devoient delivrer combien quil coutast, sils ne se hastoient quils poroient estre cause de la mort de pluseurs pellerins. Car davoir toute la nuit froit, et le jour estre rotys du soleil, quil nestoit point possible de lendurer. Dont lesdis patrons respondirent quils nen pooient point, et quils en avoient assez parles. Veant ledis suisse alla avec deulx demesdis parler audit seigneur en luy remonstrant quil eult pitie des pouvres pellerins et que passes cent ans on navoit estes ainssy. Et quon alloit tousjours en es caves devant distes pour estre a couvert. Veant nostre patron vint dire au seigneur a lheure que ledit suisse remontroit comme dessus est dict, et se mit a genoulx devant ledit seigneur, en lui priant quil nous laissas aller en nostre nave, et que sil nestoit content de luy quil

le retint prisonnier, et que sil estoit content quil le mesnat ou il volroit, ou quil lui bailleroie caussion de mille ducas. Voyant ledit seigneur lui dit quil estoit content, mais il eult huit ducas du patron, et se paiasmes chascun ung medicq. Cestoit ung pitie de veoir les poures pellerins eulx haster dentrer en esdite barcque de peur que ledit seigneur nallast oultre sa parole. Il en eu pluseurs qui recheurent mais horrions, et daultres paierent deux fois. Je scay bien que ne fut point seul que entra bien profond en leaue cremant destre battus; mais loe soit Dieu, je neulx nuls horrions au aller ne au revenir, mais je fus maintes fois que en cuiday bien avoir. Je croy que les prieres que me femme faisoit en nostre païs me ayderent fort. Nous fusmes tous en nostre dite nave chedit jour environ lheure de midy; mais nostre patron ny poeult retourner jusque le nuict. Je croy que on luy fit paier encoire quelque chose. Soubit que eus pris mon repas en nostre dite nave estant bien joyeulx destre ainssy eschappes desdits paillarts, pour passer le temps ay voulu regarder combien il mavoit bien coute depuis le partement de la nave, et trouvay que parmy le courtoisie que avoit dones a nos mattellos au sortir de ladite nave; et aussy les despens que avoie faict en la terre saincte, et aussy les dons que avoie faict aux cordeliers du mont de Sion pour le pain et le vin que pooit avoir eulx, et aussy pour le courtoisie que avoie dones a mon muleties, et aussy tout contes avoie paies environ de
21 livres.

Le partement de Jaf, et du retour.

Le vingtième d'aoust furent pluseurs turcqs en nostre nave, et acheterent de la marchandise que aulcuns marchands de Venise avoient admenes, et pour le cause ne partismes point jusque environ de neuf ou dix heures en le nuict , et croy que eussiesmes plus attendus, se neult estes que estoit lendemain dimanche. Se fusmes bien joyeux de partir pour eslongier les quieunailles.

Le dimanche vingt unième d'aoust il ne faisoit point de vent , le lundy et le mardy ne fismes que vuancrer ; le mercredy jour saint Bartelemy nous naviesmes point encoire de vent. Et se percheusmes trois fustes venir a forche de risme, tout ainssy que la premiere table avoit soupes. Sen furent malheureux les aultres , car il nous fallut tous mettre en arme et affutant tous nos engiens pour attendre lesdites fustes , et se levant la moitie de nos grandes voilles, affin quil ne destourbas a ruer. Mais les villains ne vinrent point quant ils virent nostre appareil. Je ne scay sils cremurent , ou se ce fut miracle quils nous sceurent trouver , car le nuict venoit ; et fusmes tous au guet lung apres laultre. Dont vismes lendemain le jour louasmes Dieu que estiesmes si bien escapes. Car cheulx de laultre nave nous eussent peu aydier , car ils estoient trop long de nous , et se ne faisoit point de vent. Il vint ce jour une barcque que venoit de Chipre chargee de sel , et nous demanderent se naviesmes rien rencontres , et soubit quils ouyrent parler des trois fustes retournerent avec nous. Nostre bonne eaue fut lendemain toute passee et ny avoit mes que de le puante , ad cause que les villains sarrazins navoient point vollu laissies prendre a nos mattellos de la fontaine en tant que aviesmes estes en Hierusalem , se nous estoit ladite eaue faillie , et pour ceste cause eusmes pluseurs de nos pellerins mallades dont nous annuyoit fort quil ne faisoit point bon vent pour nous mener a quelque port.

Le samedy vingt septième d'aoust fut le vent bon entour le midy, dont prismes couraige. Et loes soit Dieu , nous percheusmes le nuictie les montaignes de autour de Famagosse ; et y arriviesmes lendemain autour dix heures devant midy ; se fusmes tous bien joyeux.

Le port de Famagosse en Chypre.
Et du retour.

Le dimanche vingt huit d'aoust nuict sainct Jehan de collasse ancrasmes nostre nave audit port de Famagosse. Nous fusmes bien esbahis de veoir si forte ville. Car les naves ne poeullent venir pres pour les roches, et aussy les murs sont terriblement espes, et sont machonnes les fosses du letz de la ville. Dont fault entendre quon volroit ruer par dehors quon ne scaroit faire mal a ladite ville ; elle est petite et y a des logis les plus exquis quil est possible ; mais ils sont destruicts du temps que le roy dangleterre prit vengeance de sa soeure que le roy dudit Chypre luy avoit tuee en la cuidant violer, mais la bonne dame qui venoit du sainct voyaige aima mieulx souffrir la mort. Et soubit les nouvelles sceu par sondit frere voa Dieu de la vengier comme il fit. Les murailles dudit Famagosse sont toutes renouvelles ; et se y a boulleverre bien exquis. Pour faire court c'est une ville imprenable, se il y avoit garnison souffisante. Mais il ny a que huit cens soudards que paient les venissiens, car ils ont tout le païs de Chypre a eulx. Par ung praticque quils trouverent il ny a point long tamps, et pour estre a paix aux turcqs lui rendent grant tribus ; mais les païsans les acquittent bien, car ils sont fort tailles et nont aultre marchandise que de Venise. De laultre lez de la mer est beau plain païs ou il croit des biens assez. Et se ny pleut point que depuis le Toussaint jusque le Chandeler, et laultre saison faict sy chault quon ne vast par les champs que de nuict, et faict adoncq grande rousee. Nous fusmes deux jours apres nous arrives juer au lieu ou saincte Catherine fut nes, et partismes des le point du jour, et ny a quenviron deux lieues, mais nous cuidasmes morir de chault au retour, et se ny aviesmes point jocques. Car nous ny trouvasmes ne pain ne disner ny a quune petite chapelle, ou il y a deux autels, et se ny a que ung poure homme qui garde le lieu ; assez pres est une eglise destruicte. Cest le lieu ou la belle dame alloit apprendre nostre loy, a quart de lieue pres voit on le prison ou elle fut boutee, quant on sceut quelle estoit crestienne. Tout ce lieu que solloit estre la ville de Famagosse se nomme a ceste heure Famagosse la vielle a nostre languaige, et on voit encoire des arcures ou avoit des buises ou venoit leaue des montaignes en ladite ville. Tout le reste est abattu et rases. Ainssy a on tramnes a deux lieus pres ou nous fusmes jusquau vendredy en suivant, et nous teniesmes mes compaghnons et moy en une eglise de sainct Nicolas pour le chaleur estiesmes la tout le jour, tant quil estoit heure de souper. Ladite eglise est assez belle et toute vaussee. Je despendis audit Famagosse en six jours que y fus la somme de   48 gros.

Che vendredy deuxième de septembre apres souper mes compaghnons avec qui je mengeoie tous les jours, cest a scavoir Jehan du Bos de Soignie, et trois hommes deglise qui sestoient accompagnies a Venise avec nous deux ledit Jehan du Bos se vollurent partir a pieds pour aller a ung lieu nomme Salline ou solloit avoir une grande ville ; maintenant ny a que ung villaige. Quant lesdis deliberes de volloir partir a pieds, et se y avoit bien huit lieues de Franche, leur cuiday rompre leur entreprise. Hellas ce fut cause de leur mort daller a pieds ; je leur priay quils prisissent chascun ung mulles, et quils venissent juer et veoir le païs de Chipre ; car aussy bien nous falloit attendre que nostre nave fut chergee de sel, et mit on bien quatorze jours a le chergier. Je leur remonstray comment nous aultres pellerins prenoient chascun ung mullet pour aller toute le nuict a Nicossie, une grande ville, et seriesmes bien servy pour nostre argent. Ils me respondirent quils despenderoient mais au villaige : Hellas ils en avoient assez quinze jours apres, car ils estoient pres de leur fin, comme pores ouyr. Dont je vis que perdoie me paine, allay retenir ung mullet et fus daccord au mulletier de venir avec moy ; ad cause que chascun estoit party, et ne me coutta pour tout le chemin jusquau dit Nicossie que vingt gros, encoire quant fus montes sur ledit mullet vint a nostre logis pour veoir se mes compaghnons nestoient point ravises ; ils me dirent quils estoient deliberes dy aller tout bellement a pied ; et quils aimeroient mieulx a boire che quil leur couteroit a avoir ung mullet ; et hellas ils en eussent bien vollu avoir chascun ung environ minuict, car ils ne savoient ou ils alloient, car ils navoient point de guide, et nestoient que quatre et se perdirent. Je les recommanday a Dieu et me party avec mon mulletier comme dict est. Nous nous hattasmes fort tellement que mon mulletier estoit tout en eaue, cuydant rattaindre la grande compagnie. Mais ce fut pour neant. Il nous fallut cheminer toute le nuict sinon que nous deux ad cause mestoie tant atargies. Nous trouvasmes assez plain païs, et passay parmy ung gros villaige, ou il y a ung grot chasteau et y a de Famagosse chincq mille et se nomme Sinore. Nous rencontrasmes nous deux mon mulletier plus de cent personnes a toutesfois. Car en ceste saison ne vont par les champs que de nuict pour le chaleur du soleil et mesmes les moutons et aultres bestes ne vont aussy paistre que de nuict. Je eulx maintefois peur. Car il y eult pluseurs de ceulx que rencontrasmes que se devisent a mondit mulletier. Mais jalloie tousjours, et se jeusse ouy aulcuns retourner avec luy jestoie deliberes de deschendre dudit mullet et de me coitir en quelque buisson, car il y a largement de costes le chemin. Toutesfois

18.

loes soit Dieu nulz ne me demanda rien. Il fault quon y fache bonne justice. Nous trouvasmes encoire en deux ou trois villaiges les gens couchies en leur court pour avoir la frescheur de la nuict et avoient quelque petite foeuillie deseure eulx. Nous cheminasmes tant que percheusmes le jour; et fusmes a Nicossie environ demie heure de soleil, se fus bien joyaux et adoncq paiay lesdis   20 gros.

Ainssy le samedi deuxième de septembre arrivay a ladite ville de Nicossie, laquelle est fort grande, et ne scavoie ou aborder pour trouver logis, car les gens de la ville nentendent point franchois ne flamen ne latin. Je trouvay ung prestre penssoie quil entendroit latin. Mais nous fet non plus se on hulloit ung chien; il estoit grecq. Je me commenchay a tenner, car je ne scavoie comment se nommoit ung logis en grecq et se avoit mes besaches ou estoient mes chemises et mes deux licheux que avoie aportes pour buer, et se avoie deux bouteilles se estoit tout ahury, car mon mulletier mavoit laissies des le porte, jallay tant que trouvay ung sellier, et je demanday lhostellerie. Il me monstra une maison. Je me boutay dedens et trouvay la lesquatre trompettes de nostre nave. Soyez seur que fus bien joyeux. Je leur demanday ou estoit la grande compagnie qui estoit venue de nuict; ils me dirent quils avoient desjeunes et quils estoient alles en la grande eglise pour estre freschement et y dormir tout leur solz. Dont desjeunay tres bien, loes soit Dieu; et puis men allay reposer a la grande eglise nomme saincte Sophie, cest une tres belle petite eglise. Il y a le plus beau commencement de clochiet et de belle taille de gres quil est possible, et des maintenant y a cinq entrees, dont on passe dessoubs ledit clochier avant que on entre en leglise, y a trois entrees, et as deux boult de le croisure y a deux beaux petits portals faict de belle pierre et se est leglise toute vaussee. On y chante en latin a le maniere de nous. Pluseurs pellerins ont faict leurs marques, et mis leurs noms contre les murs. Je vis le nom de Jehan Potiez de mon a lung des portas. Apres avoir la estes longuement allay tout pres a une petite eglise de grecq ; et est en lhonneur de nostre dame, cestoit ung plaisir dy estre, car il y avoit ung des prestres qui estoit viel du main de soixante dix ans et se chantoit si hault que cestoit merveille. Les vespres faictes en grecq on aporta des pains grans dont lung fut copes par gros morseaux, et nous en donnat a chascun, et puis a boire du bon vin, et puis men revins a mon logis, et me dit que lhotesse estoit acouchie en tant que avoie estes a leglise. Et cuiday bien estre le parin. Mais on me dict quon attenderoit ung mois a baptisier ledit enfant. Adoncq aportat a souper.

Lendemain quatrième de septembre au matin ouy parler dung corps sainct qui estoit a une eglise des cordeliers pieds deschaulx. Se y allay avecque pluseurs aultres pellerins ouyr messe et trouvasmes long chemin, car la ville est fort grande, comme dict est. Aupres dudit couvent y a grant païs de gardinaige et les arouse on deaue de puich que ung cheval tourne une grande reue, ou il y a pluseurs pots de terre lies a laditte reue, et ruent tant deaue que cest merveille ; et y a pluseurs petits tuios au gardins par ou ladite eaue sepent ; et y a grande habondance dabres portans fruictz, et le plus part sont grenadies ; et en bas des arbres vient tout plain citrons, mellons, et concombres et aultres biens. Et ce nestoit lesdis puis ils naroient audit païs de Chipre nulles doulceurs, sen y a tant que cest merveille. Apres avoir bien regardes le lieu vins audit couvent lequel est petit et aussy leglise. Mais elle est bien plaisante et bien aornee et apres avoir ouy messe, on nous monstrat le corps tout entier dung sainct nommes Jehan de Montfort lequel faict pluseurs miracles garissans des fievres ; il estoit gentilhomme estant de bretaigne ; et en revenant du sainct voyaige de

Hierusalem fut mallade, se morut en ladite ville de Nicossie. Je le vis tout nud il semble quil dorme, et si a trois cents ans quil est la. Hellas je y souhaiday bien mes compaghnons. Apres avoir faict nos devotions men revins pour disner. Et apres allay ouyr vespres a leglise de saincte Sophie devant dit, et nous monstrat le droit bras de sainct Laurens encasses en argent, mais je vis lonch dudit bras, et se nous monstrat une croix double, ou je vis bien quatre paulx de long de le saincte vraie croix de nostre saulveur. Et encoire pluseurs aultres reliquaires, et puis men vins souper. Quant fut lheure du salue, ung de nos pellerins me monstra une chose de quoy fus bien esbahis. Ce fut ung valton avoit sur son espaul une roille bien de dix pieds de long et environ trois paulx de large et tapoit au millieu de ladite roille, tout deux petits marteles de bos et menoit cela si grant bruit que cestoit merveille. Cestoit le salue que sonoit ; javoie ouy maintesfois marteles ; mais ne scavoie que cestoit, en pluseurs eglises de grecqs nont point daultres cloches, aussy ne leur coutte guaire.

Le cinquieme de septembre je fus juer avant la ville non point a la chaleur ; mais ad ce que peu veoir che a estes aultrefois grande chose, car il y a eulx deux chasteaux bien fors, et maintenant elle est laide ; car les maisons le plus part sont de terre ; et ny a point de comble sinon de gros roseaux sus et puis de la terre ; cest le couverture. Et sont les rues tortues hault et bas, ainssy le fit destruire le roy dengleterre, quant il vengea sa soeur, comme ay escript devant. Je fus en ladite ville de Nicossie jusquau vendredy ensuivant ; et y fut nostre patron bien mallade, et cuidiesmes bien quil deult morir, mais il eult bon medechin ; et moy ayant grant regret de scavoir comment mes compaghnons se seroient portes, me party ledit jour, dont y avoie despendus en tout   52 gros.

Che vendredy neuvième de septembre apres souper me party de

ladite ville avec des cordeliers pellerins lesquels avoient loues trois quarettes que des vaches menoient, se montay sur lune des quarettes, mais Dieu scait comment nous fusmes bien branles. Je me repenty bien que navoie pris ung mullet. Nous fusmes toute le nuict cheminant jusque lendemain que le soleil fut leves environ une heure. Se nous fallut demourer en ung villaige en attendant le vespre, et la fusmes pouremant traicties, car il ny a avoit nulles tables que de meschantes asselles sur des pierres, et la vis enfourner plus de quarante pieches de moutons, comme espaulles, bron et collets, comme on enfourne des pates et les mettoit on sur lestre. Quant jen cuiday mengier me falloit tirer et hachier comme se cheult estes dung tor; le vin estoit assez bon. Les moutons ne vallent rien en tout le païs de Chipre; et y a bien autant a mengier a une queue desdis moutons quil y a en deux espaulles desdis moutons, car lesdites queues trainent jusqua terre, et ont quasy ung cartier de largue. Et pourtant toute la sustance est la. Les poulles y sont bonnes en tout temps; mais aucuns qui avoient la passes avoient tout achetes, se nous en fallut passer. Quant fut apres disner il fit grant vent, se partismes a tout lesdites quarettes, dont trouvasmes largement sablon et mons et vallees, ou il ne croit que pierres et arbres, et tant allasmes que environ soleil couchant arrivasmes au villaige ou solloit avoir une grande ville nommee Salline pour le cause que aupres de la se prend largement sel. Comme cy apres ores; ainssy lheure dite arrivasmes audit villaige; dont on compte de Nicossie douze milles quy vallent bien douze lieues, et me couta pour venir sur ledite quarette et aussy les despens en chemin, et aussy le souper arrives audit villaige jen fus en tout a
36 gros.

Le onzieme de septembre que estoit dimenche me levay bien matin. Car je navoie couchies que sur une table; et se navoie sceu trouver nulz lict ad cause quil estoit tard , et se avoie fain , je eu patience. Ainssy soubit que fus leves achetay une belle crasse poulle cuydant en faire present a mes compaghnons, et priay quon le despescha de cuire en tant que iroie ouyr messe. Dont leglise est long dudit villaige et tout pres de la mer, et solloit par chy devant estre le droict boureq de le ville ; mais tout y est rases , exceptes une partie de leglise, ou on chante a lung des boult en latin comme a nous ; mais au millieu comme on diroit le choeur on y chante en grecq. Je cuiday la bien tous mes quatre compaghnons que deussent la venir ouyr messe ad cause quil ny avoit point daultre eglise ; mais on me dict quils navoient garde et quils estoient en nostre nave et nen bougeoient point , ad cause quils avoient mal en leur jambes et pieds ; et ainssy se tenoient la et nemengeoient sinon du potaige et possible deux oefs le jour. Hellas ils estoient morts les trois dix jours apres. Quant jeu ouy messe , me hattay de revenir au villaige , mais je cuiday pasmer de le chaleur ; quant vins au villaige me poulle estoit toute cuite , se le garday pour le porter le soir a mes compagnons, quy estoient en nostre nave dicte et me passay de le soupe de ladite poulle , car quant je cuiday mengier dung petit morseau de mouton jeusse aussitost mengie du tor , comme ay escript devant ; et de tennanche des nouvelles de mesdis compaghnons , et aussy que navoie guerre reposes le nuict mendormis sur un bancq tout seul et se avoie bien argent. Il fault dire que Dieu me ayda fort que ne perdis rien , quant me resveillay il estoit pres de soleil esconsse. Je coutay a lhostesse et pris me poulle dont men allay sur le bord de le mer. Je me fis mener en nostre nave et quant fus dedens demanday apres mon compagnon Jehan du Bos, on me dit quil estoit ja couchies. Je demanday les aultres et leur fis present de medite poulle ; je vous promes quil sambloit quils neussent mengies de quinze jours. Je garday une helle pour

Jehan du Bos, puis men allay couchier sur ung cofre en hault. Car il y avoit bonne plaice, et aussy le faisoie de peur de lesveiller. Car je pensoie quil me tenoit groulle ; mais les aultres me dirent que non.

Le lundy douzième de septembre quant fus esveilles deschendis au lieu ou solloie couchier en nostre nave et alloie douchement de peur desveiller mes compaghnons et estant sur leschielle Jehan du Bos me dit bon jour Jacques, dont fus bien joyeux ; je luy demanday comment il se portoit, il me dit bien, a ses jambes pres ; je luy contay comment javoie veu tant de belles choses a Nicossie, et me demanda quant nostre patron venroit. Je luy dis quon mavoit dit quil partiroit le jeudi de Nicossie. Adonc le poure homme fut bien dolent, car il luy ennuyoit, et soies sceur quil avoit che quil ne me disoit mie. Je lui demanday et as aultres aussi sils ne volloient point eux venir recreer audit villaige, mais ils me dirent tous quils ne porroient aller. Je leur demanday sils ne volloient rien, ils me dirent quils avoient des oefs et quils sen passeroient. Helas que mauldissoit telle avariche ; ils avoient encoire chascun plus de cent ducas, helas les trois nentrerent depuis nen ville nen villaige. Quant vis quils estoient la deliberes de mourir, me fis mener a terre puis men vins au villaige. Se trouvay tous plains de pellerins lesquelles estoient venus le nuict de Nicossie. Se me resveillay avecque eulx, et leur comptay lestat de mes compaghnons, comment ils ne pooient aller.

Le mardy treizième de septembre apres avoir ouy messe bien matin allasmes nous dix ou douze veoir le lieu ou on prent le sel. Dont fusmes bien emerveilles, car ledit lieu a bien quatre lieues de tour et est comme un grant mares angeles ; on y est tout esbleuy quant on vient la ; car ledit sel est aussy blancq que je vis oncq et se faict tout seul ; le mer est pres de la, et ny a quune large dicque entre deux ; et ledit mer se enfle deux ou trois fois lan, et adoncq on faict des petits creus en ladicte dicque et vat leaue dedens ledite plaice. Et quant il y en a assez on reclot lesdis creus et soubit le soleil qui est cent fois plus chault que en nostre pais, il hume ladite eaue et ny demeure que le sel ; et encoire se cuit ledit sel du soleil sy terriblement quil est aussy blanc que neige. Et le coppe on grande pieche comme ont faict ces wassons ou tourbes. Et quant y fusmes en y avoit de coppes et apprestes pour chergier deux cens quars. Nuls nen poeulent prendre dudit sel sans paier deu aux Venissiens, que leur vault beaucoup. Nous nous y arrestasmes tant a regarder ledit sel que ne scaviesmes guaigner le villaige de chaut que eusmes ; mais loes soit Dieu neusmes que le mal, et nous refismes de bien boire; puis apres allasmes pluseurs baignier en le mer, voir quant la grande chaleur fut passee. Puis apres revinsmes au villaige ; et ouy dire que ung gentilhomme estoit venus, se men allay logier avecque luy. Car il avoit estes le compaghnon des trois prestres qui sestoient accompagnies avec nous deux Jehan du Bos et les avoit laissies, a cause quils estoient trop escars. Et croy sil fut demoures avec eulx, il y fut mort aussy bien que les aultres. Mais cestoit ung homme de chiere, tellement que revinsmes luy et moy jusqua Paris, et rapporta largent de ses compaghnons, et moy largent du mien, comme chy apres ores. Ainssy men vins souper et fismes bonne chiere.

Le mercredi quatorzième de septembre allasmes ouyr messe en une chapelle ou on chante en grecq. Puis vinsmes disner et apres disner ouysmes crier et chanter. Cestoit une jone femme quon portoit en terre. Il y a avoit quatre ou cinq femmes qui crioient que cestoit une pitie a les veoir ; a le femme morte on luy avoit mis ung faulx visaige, painct comme le visaige dune belle femme morte. Et se luy avoit on vestu une belle robe noire ; et mesme avoit une belle fanne de soie de quoy elle estoit chainte et nous dict on quant une poure personne moeurt, quon emprunte des beaulx habis tant quelle soit a lentree de la fosse. Nous ne lallasmes point veoir enterrer, pour che quon sestoit mort de la peste assez pres de latre. Nous allasmes juer et veoir quelle grandeur pooit avoir par cy devant ladite ville de Salline ; dont fusmes bien esbahis, de veoir encoire tant de fondation, et le plus hault nestoit que environ de deux pieds. Apres revinsmes souper.

Le joeudy quinzième de septembre apres ouyr messe et aussy tres bien desjeunes misme par escript les choses dittes, et puis nous grosse brigade allasmes baigner en ladite mer, et la fusmes bien ayze car on nous vint dire que toute la compagnie venoit que estoit demouree a Nicossie. Se nous en vinsmes en nos logis de peur de perdre nostre plaiche et apres faict bonne chiere regarday combien y avoie despendu depuis le samedy. Se navoit despendu que 24 gros.

Le partement de Chipre, et du retour.

Le vendredy seixième de septembre chascun des pellerins qui sestoient tenus a Nicossie sen vinrent a nostre nave, et aussy fit nostre patron dont quant je y vins trouvay tous mes compaghnons mallades, se fus bien estonnes, car a tous lez de mon coffre ou couchoie estoient mallades. Se me pria ledit Jehan du Bos et aussy lung aupres de luy que pensasse de eulx, sen fis me puissance, comme de refaire leur lict et de vuidier leur pot et aultre chose. Jeusse vollus estre au barlet, car je navoie point appris destre entre gens mallades.

Le samedy dix sept de septembre on desploya nos voiles, mais le vent estoit petit. Nous trouvasmes nostre eaue ledit jour que puoit fort ad cause des ponchons que navoient point estes rechines et ne scavoie que donner a nos deux mallades. Car on leur deffendoit le vin. Je me percheus estans autour deux que puoient, ad cause quils estoient si estoufes de couchier en bas. Je leur conseillay destre en hault, affin quy fussent plus pret du retrect, et aussy de peur quils ne morussent aupres de mon coffre ; car je cremoie quils neussissent la peste. Se furent menes en hault et couchies de pres le timon de nostre nave, affin que fus plus hardy daller autour deux. Je bus largement de la malvoisie que avoie achetes au villaige. Dont le lendemain fut sy malade de le tieste que cuidoie basiner a chascun pas que alloie. Ne scay se ce fut de peur ou de trop boire. Toutesfois je fus six jours que ne mengeay que du pain boullu avec de leaue ; et se ne pooit aller a chambre. Quant je percheu que jestoie ainssy apointies me recommanday a monseur sainct Glaude et a nostre dame del Waziere, qui est a demie lieue pres du jestoie ; et aussy lui promis porter ung chiron de trois livres, et aussy promis daller veoir sainct Adrien. Dont croy que ce fut ce qui me garda de morir. Je ne scavoie trouver nulz que vollu pensser de mes deux mallades. Celuy quy sestoit mis avecque le gentilhomme devant dict penssait des deux aultres ; se me trouva ung prestre qui fut contens de garder les miens pour dix gros le jour, je fus daccort, car je ne pooie durer en une plaiche. Lendemain que estoie dix huitieme du mois morut ung prestre qui estoit du païs dengleterre. Dont fusmes bien esbahis, car cestoit ung homme fort robuste et bien a luy. Toutefois les fievres lemporterent, et se navoie estes guerre mallade. Il fut ensevely puis le mit on dedens son cofre ou il avoit mis sa provison, et apres faict une crois rouge sur ledit coffre le ruant dedens le mer ; voir se estiesmes au gouffre de Satalie.

Le dix neuvième septembre au matin morut le serviteur dung homme deglise dengleterre, dont il en fit bien grant mal a son maistre. Car il lavoit menes de son païs a sainct Jacques, et de la a Rome et de la a Venise et avoit montes avec nous, et aussy avoit estes avec nous au fleuve Jordain et aultres saincts lieux tousjours bien joyeux, et nous faisoit souvent rire a cause que lavoit une petite soiette de quoy il passoit le temps, et se nen scavoie juer non plus que ung enfant, mais le faisoit pour recreer son dit maistre, lequel estoit aussy blanc que ung chine. Mais je vous promes que depuis changea de barbe et de cheveulx dannuit quil eult de se trouver sans serviteur ; lequel serviteur fut ensevely et puis mis dedens son cofre, et puis la croix faict fut rues en la mer : Dieu luy pardoint, il nous en fit bien mal. Car ce estoit nostre voisin en le nave environ a dix pieds de mon cofre et cremoie que ce fust peste, et possible quil fut ainssy, car il ne fut que trois jours mallade.

Le lendemain questoit le vingt cinq de septembre et nuict de sainct Matthieu morut celuy que avoie pensses avec mon compaghnons Jehan du Bos : Hellas que fus esbahis quant le vis ainssy mort. Cestoit lung qui sestoit accompagnie avec nous a Venise ; il se nommoit maistre Anthoine Belua et estoit homme deglise et estoit de Gamache. Son argent fut baillies a ung qui se disoit bailly de Diepe, et aussy pour che quil estoit son plus prochain voisin, et soubit quil fut ensevely et mis dedens son coffre fut rues en la mer et encoire audit gouffre.

Chedit jour environ midy morut lung des aultres prestres que sestoit accompagnes avec nous. Hellas cestoit celuy que entama me poulle que avoie aportes au villaige, comme ay escript devant. Il se nommoit messire Pierre Dehors, et estoit cure de Gizors.

Son argent fut bailliees a celuy que les avoit laissies ad cause quil estoient trop escars; ce fut Jehan le danois dudit Gizor lequel revint avecque moi jusques a Paris, et ainssy quon ruoit ledit prestre en le mer, mon compaghnon Jehan du Bos morut presque. Mais quant men percheu luy frotay le bouche et le nez, adoncq revint a luy. On luy conseilla quil se confessa ; mais il ny volloit point entendre. Car il ne cuidoit point morir et par forche de prier se confessa et me retint pour son executeur ; toutesfois jestoie bien malade. Je me percheus que nos mattellos estoient mal contens que ledit Jehan du Bos morroit si longuement, car ils avoient ja jues a des largent que devoient avoir. Je ne scavoie rien quils presissent neuf marssel de chascun qui moeurt, tant seullement pour le ruer en la mer, et faire une croix sur son cofre. Quant je sceu la verite plouray mainte larme ; et aussy cremoie quon ne fit ainssy de moy.

Le jour sainct Mathieu vingt unième de septembre mon compaghnon Jehan du Bos eult pluseurs faultes et environ dix heures en le nuict morut. Je prie Dieu quil lui pardoint. Cestoit ung homme fort devot et estoit bien robuste. Hellas le voyaige de pies me samble en fut cause. Nous estiesmes encoire au gouffre et aviesmes vent contraire et cremant quil nous en fut de pis ; apres avoir mis ledit du Bos en son coffre fut rues en la mer lendemain. Et vray Dieu que jestoie desplaisant. Je montay sur lung de nos chasteaux; mais je vis ledit coffre dudit Jehan du Bos quy nestoit point encoire enfousses et le coyzy bien demy heure de long. Apres men vins reconforter le darrain des quattre, encoire jestoie bien mallade. Et adoncq me allay recommander a sainct Glaude comme ay escript devant et soubit eus apetit de mengier des chices ; et ung petit apres deschendis le mieulx que je peux aux veltes qui estoient en bas et pris de leaue penssant que ladite eaue tire. Se me ayday que widay ce que avoie pris en six jours ; dont je fus bien joyeux , car comme se ce eult estes miraicle, je eus bon apetit de boire et de mengier dont chascun fut bien esbahis. Je racontays a pluseurs aultres mallades comment je mestoie recommandez ausdits saincts. Nostre eaue puoit encoire plus fort que navoit faict, et se estoit nos bos quasy tout essilies. Et nous fit nostre cuisinier mengier nostre potaige riens que a moitie cuit. Mais Dieu y ouvra, car environ minuict le vent nous fut sy contraire et sy fort que nous convint retourner et environ lendemain quatre heures apres disner fusmes au port de Baf. Ainssy reculasmes bien deux cens mille, dont ancrasmes. Hellas se je leusse sceu, jeusse faict garder les trois corps de mes compaghnons pour enterrer au Baf en leglise sainct Nicollay, qui y est, et est le lieu ou les sept dormans furent sy longuement dormans.

Ainssy le samedy vingt quatrième de septembre tous nos mattellos furent querir audit Baf de leaue et du bos ; et nous pluseurs allasmes en la ville. Mais y eulx bien de la paine, car javoie lalaine bien court et me fallut attendre pluseurs fois ; et se navoie a aller que deux quart de lieue. Quant fus en laditte ville ; et que eux assaies de leaue sy doulce il me sambloit que jestoie en paradis. Car comme ay escript devant nostre eaue de nostre nave puoit et le nous falloit bouillir. Nous trouvasmes bon vin, mais il ne se scaroit boire sans eaue, car il est trop fort. Nous achetasmes des poulles pour mengier en nostre nave, car le chair que nostre patron avoit achete en Chipre ne valloit rien et estiesmes a moities fames. Nous vollusmes acheter des oeufs, mais il ny en avoit nuls. Car il y avoit arrives le vespre devant des turcqs qui avoient tout achete. Ils estoient venus de Damas par ung vent qui les avoit la admenes comme nous. Les villains faisoient leur sabbat comme sils eussent estes en leur païs, et alloient par les rues en ordre, deux a deux ayant beaux habis riches jusque aux tallons. Et avoient ung instrument que lung portoit devant eulx et juoit tres bien. On nous dit que chestoit une ambassade du grand turcq et lung estoit lung de ses grans gouverneurs. Se y souhayday maintesfois quarante compaighnons de la ville de Rodhe et que me eult vollu croire nous les eussiesmes houpes. Mais on me dit ad cause que estiesmes pellerins que nous ne poiesmes faire cela ; et que les aultres que venroient une aultre fois seroient retenus. Et pourtant les laissat en paix, ils nestoient que environ douze. Mais je ne vis oncques plus puissans hommes pour une petite bende. Il y avoit avec eulx ung crestien renies. Il me sambla que lavoie veu maintesfois, et me regarda longuement. Je ne me sceu rapensser ou lavoie veu, se le laissay aller au diable, puis men allay veoir une eglise ou on chante en latin. Et tout pres de la est le lieu ou les sept dormans furent sy longuement. Laditte ville a estes toute destruicte. Et fut la premiere que les englais destruiessirent. Et encoire y a deux grosses tourres sur le bord de la mer, et estoit ung fort chasteau. Il y a une belle plaine a lentour de ladite ville et de long le mer je veis croistre du beau coton, lequel estoit tout meur, et le veoit on widier hors comme le tieste dune olliette. De costes il y a des haultes montaignes, ou il ny croit que du meschant bos pour faire du fus. Lair y est perilleux pour gens estrangiers. Nous nos retirasmes tout le vespree pour venir en nostre nave ; et ad cause que nostre petit bateau ne nous pooit mener du bort tous en ung cop me assis sur le bort en attendant pour le seconde fois et de forche de bodance mendormis tellement que ny ouy point quant les aultres entroient audit batelet on ne veoit plus de jour. Se fut bien venu que ne demouray là. Jeusse este en bien grand dangier ; mais ainssy que Dieu le vollut y eult ung de nostre pellerin lequel cuidoit entrer audit batellet fallijt et queyt en le mer, et ainssy que les aultres crioient tot apres il se noie me resveillez et criay quon mattendist comme dit est. On mavoit oublies, et se neusse sceu ou recouvrer de nostre nave. Car des le nuict tirant les ancres, et fismes bien celle nuict du main trente mille.

Le partement de Baf en Chipre et du retour.

Le dimenche vingt cinquième de septembre aviesmes moyennement vent, mais nous mismes plus de quatre jours avant que fussiesmes du nous estiesmes retournes que nous ne faisiesmes que tourpier ; mais le bonne eaue que aviesmes nous donnoit coraige et laymiesmes autant que le vin. Le darrain de mes compaghnons estoit encoire malade, et fut heureux de ladite eaue, car je croy quil neult point durer a morir.

Le premier jour d'octobre jour sainct Remy au matin nous estiesmes pres des montaignes de le Ferre, lesquelles sont terribles et haultes, et est lentree du goufre de Satallie, et en allant vers Hierusalem deux jours et deux nuicts fusmes que ne scaviesmes eschaper. Car le vent et lair y estoient sy grant nous y reboutoit tousjours. Se nous annuyoit fort. Nous percheusmes de costes nous environ de douze mille une nuee que puisoit leaue en le mer, et sambloit ung pillier noir que fut du chief en ladite mer. Et en le monstrant lung a laultre vint ung de nos mattellos a tout ung grant cousteau et dict aulcunes parolles, et fit signe a tout ledit cousteau pour le copper. Adoncq se coppa ledit pillier ou coulombe que plusieurs pellerins veirent. Dont fusmes bien esbahis. Nostre pillot nous dict que poroit bien faire oraige et que le vent se poroit bien bouter hors dudit gouffre. Dont ne desiriesmes aultre chose, et environ dix heures en le nuict commencha a tonner sy fort et sy grant vent que nos mattelos ne scavoient rabaissier leur voiles. Toutesfois loes soit Dieu ledit vent nous bouta hors desdites montaignes, et nous mit en le mer de Rhode; tellement que lendemain percheusmes le montaigne ou le lieu du chasteau rouge se nomme et lisle sainct Nicollas. Mais nous ne fusmes point a lendroit jusqua deux jours apres.

Le quatrième d'octobre au matin morut ung de nos pellerins suisse lequel estoit chevalier et noble, et tenoit bien en son païs quatorze ceus florins de bonne rente. Cestoit ung homme de bien a luy. Et ne fut que trois jours malade. Sen fusmes bien esbahis. Et fut mis dedens son coffre et le harpoyant ledit coffre de peur de le puanteur, puis le mit on dedens le barcque qui suivoit nostre nave pour le contendre de le mener a Rodhe enterrer. Car nous estiesmes a quarante mille pres. Ce ne sont que vingt lieues, mais nous naviesmes point de vent. Il fut trouves sur les habillemens dudit suisse mort plus de six cens ducas.

Ledit jour environ midy morut aussy ung cordelier natif dangier et se nommoit frere Pierre Tarin quil avoit estes bien six jours criant et sifflant que cestoit ung pitie. Et disoit souvent a son compaighnon cordelier lequel estoit couchie aupres de luy, pourquoy il ne luy faisoit pas a humer. Hellas il neult sceu de quoy faire sinon que de luy donner du pain boullut avec de leaue, et ne faisoit on aultre chose as aultres malades, rescape que peult. Pour ce que le cordelier malade tapoit par pluseurs fois son compagnons pour avoir quelque chose, il y eult aulcuns qui conseilla que fut lies sur son coffre, et adoncq le poure homme crioit et siffloit comme dict est, morut en cet estat. Hellas cestoit ung puissant homme et grant clercq; et croy sil eult estes sur terre quil eusist estes penses quil neusist garde; et touchant de cestuy la morut de disette et fus mis dedens son coffre et puis rues en le mer. Car il navoit la nuls cousins. Dieu luy pardoint.

Le sixième d'octobre au matin morut encoire ung suisse lequel estoit chevalier et estoit le deuxieme fois quil avoit estes au sainct voyaige ; il estoit homme de bien et devot. Car quant mes compaignons morurent il disoit pluseurs belles oraisons et les administroit et tatoit leurs pous, et doute qu'il nallast trop pres, car il ne fut que deux jours en sante depuis. Hellas ce fut celuy quy allast parler au seigneur de Hierusalem quant on nous fit areter et couchier sur la terre a Jaf, comme ay escript devant; et fut cause que fusmes menes en nostre nave. Il se nommoit messire Pierre Falcon ; tout plaisant homme, et chantoit souvent en nostre nave. Toutesfois il estoit grant terrien en son païs et capitaine. Je ouy dire que quant le roy de France sceult quil volloit faire le sainct voyaige pour le seconde fois que luy fit fort remontrer et prier quil luy souffist dy avoir estes une fois ; mais on ne le poeult rompre. Il avoit toujours au port ou arriviesmes une belle chaine dor, et soyez sceur quil avoit bien ducas. Il fut mis dedens son coffre et puis le mit dedens le barcque de pres le coffre de laultre suisse pour les mener a Rodhe. Car nous estiesmes adonc a quinze mille pres que vallent cinq lieues ; mais il ne faisoit point de vent. Se ny fusmes point jusque lendemain matin.

Le deschente a Rodhe et du retour.

Le septième d'octobre nous ancrasmes aupres de la tourre sainct Nicollas de Rodhe environ sept heures au matin, puis widasmes de nostre nave et fusmes bien joyeux quant fusmes sur terre ; car nous aviesmes eux mainte peur sur le mer. Quant on eult congies du grant maistre de Rodhe on apporta les deux corps des dessusdis suisse. Mais je vous promes que puoientja. Ad cause de le chaleur que avoit tape en ladite barcque. On les porta en leglise des cordeliers, et fit on une grande fosse devant nostre dame de pitie; et la furent mis tous deux et leur fit on ung beau service et pour le cause ne pouvut avoir nulz prestres pour prier pour mes compaghnons jusque lendemain.

Ledit jour environ une heure apres midi fit sy grant oraige que nostre nave fut quasy rompue contre le tourre susdite et se desancra et se bouta dedens le havre, et del force du vent rompit le moitie de labre ou estoit pendu le grant voille, et ny avoit point demy heure quon avoit admenes les mallades de nostre nave a lhospital des chevaliers audit Rodhe quon nomme lenfremie. Lequel est ung beau lieu dedens le chasteau et furent la bien servy en ayant trois medecins chascun jour. Et pour ceste cause leur conseilla on de la demourer, tant quils seroient bien garis. Je croy que sils estes encoire trois jours en nostre dite nave quils fussent mors comme les aultes. Et pourtant demourerent la six mallades. Hellas lung estoit celuy qui eult devotion au retour du fleuve Jordain daller au lieu ou le diable porta nostre saulveur comme ay escript devant; et lung des aultres estoit mon darrain compaghnon nommes moseur Dandely ad cause quil en estoit cure et les aultres estoient de pres Toullose.

Le neuvième d'octobre quy estoit dimenche nous quattre pellerins prismes chascun ung cheval de lieuaige et allasmes remerchier nostre dame de Fillerme, a deux lieues de Rodhe, et trouvasmes ung chevalier qui nous fit present de deux pertries roties, et deux poulles roties; il nous fit grant plaisir, car nous estiesmes tous affames; il nous dit que se nous volliesmes audit Rodhe aller a le table des chevaliers que nous ne despenderiesmes rien et ariesmes gaigest ad cause quon attendoit le grand turcq. Et promismes nous quattre de ce faire sil venoit de demourer audit Rodhe. Et aussy firent pluseurs aultres pellerins. En retournant nous quatre dudit pellerinaige nous monstrat cinquante quatre turcqs tous pendus en ung gibet tout pres du bord de la mer. Et ny avoit que environ douze jours que avoient estes la mis ; et avoient estes pris daulcuns chevaliers de Rodhe a tous des petits batteaux nomme brigandins. Il ny poeult a chascun que dix huit hommes. Dont desdits turcqs il y eult ung repites. Car ils estoient cinquante cinq a le prise et pilloient les passans sur mer. Et ainssy celui turcq repites avoit promis de mener les chevaliers ou il y avoit encoire des escumeurs turcqs ; jeusse bien vollu aller pres dudit gibet, pour veoir que sorte de gens chestoient, mais les aultres trois pellerins avec que jestoie ny vollurent point aller de peur de le puanteur. Se nous revinsmes audit Rodhe. Et puis apres avoir rendu nos chevaulx allasmes veoir nos mallades en ladite enfremerie. Mon darrain compagnon estoit aflules de ung aultre bonnet que le sien ; mais certes je ne le recongnoissoie point tant avoit perdu son visaige. Apres les avoir ung petit recreer allasmes pour souper ; mais nous ne trouvasmes que mengier, et nous fallut passer de mendre viande que le disner. Apres vinsmes a nostre logis pour estre mieulx conchies que le nuict devant. Mais ce fut tout ung, en ung grenier de pres les ongnons, et sur ung matra, et sestoit le meilleur logis de la ville. Se deliberasmes que lendemain yriesmes couchier sur nos coffre en nostre nave.

Le lundy deuxième d'octobre allasmes ouyr messe en une petite eglise de sainct Augustin, et sont religieux vestus comme cheulx de sainct Dominicle a nous. Ils disoient bien devottement messe. Et y a contre le trin des cordeliers, et y percheusmes les armes de Lallain. Apres avoir la estes en ledite eglise vinsmes en celle de sainct Jehan laquelle est dedens le chasteau, et est le plus belle et le plus exquise de la ville, et y faict bien beau veoir les commandeurs en leurs formes. Che samblent chanoines en leur dite formes. Nous y fusmes souvent pour saveoir se ledit grant turc venroit. Dont mardy onzième raportant les nouvelles quil ne venoit point pour lannee. Et quil avait guerre contre Sophie. Adoncq quant nous sceumes les vraies nouvelles deliberasmes de nous en revenir quant nostre nave seroit rapointie. Il y eult pluseurs chevaliers quy nous remerchierent que aviesmes eux vollentes de les aydier se ledit turcq fut venus. Nous allasmes par toute la ville pour veoir quon y faisoit, aupres du chasteau et aussy de le porte tenant le mer et y a pluseurs gens faisant paternostres de bos daloes et sont chieres; car on en avoit bien six a sainct Glaude pour ung drola. Toutes choses sont chier audit Rodhe comme fachon dargenterie, et sont plus dorfeuvres deux fois que dedens Douay, toutesfois la ville nest point plus grande que Bethune ou Orchie; mais elle est des plus fort et sorty tous les chasteaux et petits hameaux de lisle de Rodhe, bonnets, chapeaux, chire, espisserie, pignes, draps, poulles, poissons, toutes esdites choses y sont chieres et aussy estoit le vin. Mais figues, rosins et grenades y sont bon marchies, les camellos y sont bon marchies.

Le mardy douzième d'octobre, il y eult de nos pellerins estant de Scavoie me pria de luy ayder a acheter deux ou trois camelos; et allasmes en deux ou trois bouticles; mais nous nous arrestasmes sur ung touquet, assez pres ou demeurent les orfevres, et la en ladite maison achetay six pieches de camelos tesnet lesquels eux a bon marchiet, car je nen payai des six que huit escus et demy au soleil, dont ledit pellerin avecque quy estoie en prit pour luy faire une robe et une por sa femme. Et je vous promes quant je vins a Paris refusay autant de lung des miens que les deux mavoient coute audit touquet a Rodhe. Et se ne eult estes que raportoie pluseurs besoghnes aux amis de mon compaghnon Jehan du Bos jeusse raporte quatre desdis camellos. Apres ce avoir acheté me souvint du commandeur de nostre ville de Douay, se enqueray tant audict chasteau que le trouvay et me vollut faire bonne chiere en sa chambre; mais je le remerchiay, ad cause que devoie donner a souper a trois ou quatre nouveaux compaghnons qui mavoient promis de me point laissier. Et aussy ledit commandeur me envoya tout plain de lettres pour raporter au païs, et aussy avoit avecque luy ung josne fils lequel estoit de Brayne en Haynault.

Le jeudy treizième d'octobre au matin, on nous dict que parti riesmes le vespre, et que nostre nave estoit tout refaicte, dont apres ouy messe allasmes tous faire bonne chiere, et puis apres allasmes veoir les six mallades et prendre congies deulx. Hellas je ne les vis oncques depuis; et ne scay se morurent. Et apres avoir pris congier allay acheter deux grandes hardelees de bonnes figues lesquelles on avoit foree en ung grenier comme on faict les noix a nous. Et estoient lesdites figues enfillee en ung cordeau et en eux bien le hauteur dung homme pour ung marssel que vault environ six gros huit deniers. Puis allasmes conter a nostre hoste. Et trouvay que avoie despendu en six jours audit Rodhe et aussy le journee que fusmes a Baf   6 livres.

Le partement de Rodhe et du retour.

Ainssy le joeudy environ jour faily partismes de Rodhe; et pour ce que faisoit sy brun a widier de le petite barcque que nous menoit en nostre nave ne sceult retrouver lune de mes bouteilles et le laissay la car je avoie assez a faire a me tenir pour la mer que se battoit du vent. Et soubit que fusmes dedens nostre nave desploiant nos voilles. Il y eult plus de trente pellerins qui noserent revenir en nostre nave craindant quelle ne fut infectee ad cause quil estoit tant mort de nos gens comme ay escript cy devant. Se marchanderent a ung aultre patron pour retourner, se eusmes tant bonne plaice, et eusmes bon vent. Car lendemain au matin aviesmes bien faict quarante mille, et environ deux heures apres midy estiesmes a lendroit de lisle ou monseur sainct Jehan fut envoies; et ou il fit lapocalypse, et se nomme ladite isle Patemos. Cest une roche qui est au milieu de la mer contenant environ cent pieds en longueur et en largeur.

Le lendemain quinze d'octobre eusmes sy grant vent que estiesmes en cremeur de noier, car nostre nave clinoit sy fort que cestoit merveille et le barcque qui suyvoit nostre nave liee a une grosse corde se emplit deaue par les grandes wagues qui sallerent dedens; et encoire le nuict ensuyvant le vent fut encoire plus fort et y eult pluseurs pellerins qui se confesserent de peur. Jeusse bien vollu estre au barlet ou dempres collechon.

Le lendemain dimanche et seizième d'octobre fusmes a lendroit lisle de Serigo et droitement devant le chasteau quy est bien hault assis, et est ledite isle aux Venissiens en payant tribus au grant turcq, comme ils font des aultres isles; il estoit environ lheure de midy quant estiesmes devant ledit chasteau nous eusmes tout cedit jour et nuict terrible vent. Le lundy dix septième estiesmes au matin devant Modon bonne ville et est maintenant au turcq, comme ay escript devant, dont cest grant dommaige, car cestoit ung bon port pour les pellerins rewauvrer. Ledit jour le vent se chessa environ midy se nalliesmes plus.

Le mardy qui estoit le jour sainct Luc et dix huitième dudit mois eusmes si grant vent environ deux heures devant le jour et mirent nos mattellos leurs voilles plus bas le moitie que nestoit par avant. Mais ledit vent se amorty environ neuf heures au matin, et fusmes au prismes cedit jour au vespre au port de Gente ; et se ledit vent eult tenu comme il estoit au point du jour y eussiesmes estes devant midy. Nous loasmes tous Dieu davoir ainssy exploities depuis Rodhe. Car nous aviesmes faict en chinq jours sept cens mille ; loes soit Dieu.

La deschente a Gente et du retour.

Ainssy cedit jour nous ancrasmes nostre nave devant ladite ville de Gente, et allasmes nous chinq pour souper au lieu ou aviesmes estes au passer nous dix, dont les quatre estoient mes compaghnons qui estoient demoures, et lautre le cordelier qui morut au aller devant Jaf. Dont que fusmes en ladite taverne ne trouvasmes point lhostesse, car elle sestoit remariee. Et trouvasmes les logis dudit Gente mieulx sorty de maignaige que nous naviesmes faict , car ils ravoient leurs biens quy avoient estes portes hors dudit Gente de peur des turcqs quy avoient estes courre jusque la. Et fusmes logies nous quatre ; lung sen alla allieur dont ne perdismes riens, car nous eulmes deux bons licts a le maison dune veuve quy avoit perdu son mary a Modon quant elle fut prise des turcqs et luy avoient tues. Et encoire le pouvre femme nous conta comment elle avoit estes long tamps esclave et force luy fut de se accorder a ung desdis turcqs dont elle avoit ung fils quelle nous monstra ; du il eult fallu quelle eult renies nostre loy. Il y avoit deux josnes vesves tenant nostre logis , quy nous venoient veoir et faire feste par signe ; je croy quelles eussent bien vollu avoir de nos ducas ; mais nous qui estiesmes pellerins nous duisoient point ; car nous eussiesmes estes bien meschans ; mais ou on est il fault viller. Nous ne laissasmes point a chanter et dansser avecque lesdites vesves ; mais non point touchare cremant le grant maistre quy nous eult fait noyer. Car nous nous aviesmes encoire neuf cens dix mille de mer jusqua Venise.

Le mercredy dix neuvième d'octobre fusmes pluseurs ouyr messe a une chapelle assez pres de la mer, ou il faisoit bien devot car il ny eult guaire de nous qui ne se confessas et receut son createur. Apres avoir estes en ladite eglise allasmes voir les gens et pellerins de la nave Marcq Anthoine lesquels avoit long tamps que naviesmes veu, car nous les aviesmes perdus par le grand vent que aviesmes eult. Dont fusmes bien joyeulx de retrouver la lung laultre. Quatre hommes de bien de ladite compagnie me menerent boire en leur logis. Et pour ce que estiesmes tous a ung prince me firent grant feste et me promirent sils estoient devant moy au païs de le faire savoir a mes amis quils mavoient veu de retour audit Gente. Et je vous promes que lung quant il fut a Venise vint en poste jusque Maline et la trouva le prieur des prescheurs de nostre ville de Douay, luy dis les nouvelles telles que ma femme les scavoit bien dix jours devant que fusse a lhotel. Et pour scavoir les noms des quatre qui me festierent ainssy audit Gente, lung estoit daustredant, nomme Jehan Bennyn, et Tiery a clocquette ou a sonnet de Midelebourcq et Hansse de Riquesonne aussy de Midelebourg et Josse Vrelisse de Malines. Dont fut merveille de le chiere que lesdis nommes me firent, a cause du païs, comme dict est. Et aussy pour che que estoie tout seul en nostre nave dudict païs, a cause que avoie perdu Jehan du Bos que Dieu pardoint. Apres fait bonne chiere men revins a nostre logis ou on me dit que partiriesmes lendemain.

Le joeudy vingtième dudit mois nous cuidasmes partir ; mais

nos mattellos navoient point fait leur provision deau doulce et aussy nostre patron y volloit acheter des bœufs, et y en eult bon marchiet. On nous laissoit point en paix pour changier de pieches dor, cheulx qui avoient encoire de la monnoie de Venise avoient de beaux ducas hongrois pour main de onze patars. Il nous fallit a pluseurs de nous faire tançonner nos solliers ad cause quil avoit pleut ne scaviesmes aller par les rues car les semelles des nostres que aviesmes eulx en Hierusalem estoient ralargies tellement que le cuir passoit plus dung pauch tout alentour, ad cause que ledit cuir nestoit ne coures ne tesnet. Et quant ils ont escorchies une beste ils ne font que estendre ledit cuir au soleil et mont de le poure dessus cest le ten que y font et quant ils en voeullent coper ils ruent de leaue sus adoncq le coppent a tout ung sigeau comme on feroit du papier. Et ainssy nous convint ravoir des nouvelles a plus chiere prix le moitie que a nous, et se ne vallent rien. Apres avoir estes ainssy sorty et y avoir faict bonne chiere allasmes juer avant ledit bourcq qui est en bas de le montaigne, et regardasmes mieulx le païs que naviesmes fait au aller.

Le vendredy vingt unième d'octobre allasmes pluseurs revoir la ville de Gente. Laquelle est sur une montaigne bien hault, et ny scaroit on aller sans bien souffler. Et soies sceur que les gens nous regardoient bien. Nous y vollusmes boire ; mais nous y trouvasmes ung poure meschant logy; nous ne demourasmes guaire. Et en deschendant de ladite ville y eult de nos trompettes qui nous dirent que nous rassemblissemes et quil fauroit nous trouver trestous le vespre en nostre nave, dont vinsmes faire bonne chiere et puis contasmes, dont trouvay que navoie despendu en quatre jours audit port de Gente la somme de   40 gros.

Le partement de Gente et du retour.

Le samedy vingt deuxième ainssy que au point du jour on desploiant nos voilles et partismes dudit Gente dont eusmes bon vent et se partit avec nous le nave de Marcq Anthoine devant dit, lesquels nous vinrent bien a point, car nous eussiesmes cuidies estre perdus, ad cause du terrible tamps que eusmes lendemain, et quant les veismes nous estiesmes plus hardis.

Le vingt troisième d'octobre environ trois heures devant le jour le vent fut si grant que nos mattellos ne scavoient estre maistres des voilles et aviesmes peur de perir, car il esclitoit et plouvait fort. Cestoit horrible chose a ouyr le bruit que menoient nos mattellos, et en y eult daulcuns de nous qui se leverent de leurs licts, pour prier Dieu et nostre dame quils nous vollurent aydier. Et ainssy que lesdis pellerins disoient leurs devotions leur monstrerent lesdis mattellos sur le hune du grant voille comme une chandelle ardante samblant avoir trois pieds de long, dont se mirent tous a genoulx lesdis veant, et criant misericorde a Dieu. Et ledit luminaire se mit en rondeur, comme ung grant soleil ayant rais et quant lesdis prians en grand devotion et apres envocquies pluseurs saincts et faites leur souvint de nostre dame de Lorette le requerurent. Adoncq ceste dite lumiere se departit. Et nous dirent aucuns apres che que il avoit estes pluseurs fois veu ; et que ce sont signe daulcuns saincts ou sainctes quy vollent ayder la nave ou batteau, et se ne part point tant quon les a nommes par leurs noms. Il y avoit ung de nos pellerins que nous avoit contes plus de quinze jours devant comment il avoit estes aultresfois en grand dangier sur mer, et qu'il leur estoit venu de tels signes et pensiesmes quil nous faisoit que farcer. Mais toutesfois il en advint ainssy que jay escris. Et y eult ung gentilhomme de Bretaigne nommes monseur de Brec lequel donna ung escut au soleil pour porter a ladite nostre dame quant nous seriesmes sur terre, affin quelle nous vollus aydier, car nous estiesmes tout en doubte ad cause que aviesmes veu le jour devant tant de poissons courrir et saillir hors de leaue, et le plus part estoient dolfis et saulmons ; et dit on que cest signe de grande tempeste de mer. Toutesfois le vent se repaisa sur le midy. Et ne cessoit point en une plaice et ne faisiesmes que tournoier.

Le vingt quatrième d'octobre ainssy que trois ou quatre heures devant le jour le vent fut sy bon et de bonne sorte que je croye que fismes celle nuict bien cent mille, et se fut encoire ledit vent bon toute la journee et fort dont estiesmes bien joyeux.

Le vingt cinquième fut le vent bon et exploitasmes fort tellement que environ minuit enssuivant estiesmes a lendroit de le ville de Jare, mais soubit le vent se retourna et sy fort que nos mattellos ne scavoie estre maistres de leurs voilles, et sy avoit tant de roches bien perilleuses aupres quon nous vint dire que nous demouriesmes en bas, affin que ne empeschiessesmes point lesdis mattellos; nous priant que fussiesmes tous en oraisons. Et adoncq habandona nostre patron sa nave a nostre dame de leditte ville de Jare. Mais le pailliart nen fies rien quant il fut hors de dangier. Nous trestous pellerins nous mismes a genoulx et chantasmes le litanie bien devotement. Je croy quil y avoit pluseurs que ne cuydoient plus veoir leur pays, et crioient misericorde que cestoit ung pitie. Apres avoir donnes ladite nave a lé belle dame le retournant de peur daller fraper lesdis roces et allasmes a le misericorde de Dieu, et se mere.

Le vingt sixième d'octobre tout retournant et ne scaviesmes que pensser et vinsmes bouter nostre nave au quoy dudit vent en une ronde plaiche attouree de montaigne. Et estoit ledit lieu comme une fosse ou une abisme a douze mille pres de le ville de Corssole au pais damassie dedens esclavonie ; et veismes tout plain dabres sur les montaignes.

Le vingt septieme d'octobre nous estans en cedit lieu fusmes la attendant que le vent nous fut bon et nous annuyoit fort. Car nous ne saviesmes a quoy passer le tamps sinon que de nous faire mener a tout nostre petite barcque sur lesdites montaignes ; et la trouvasmes pluseurs petis arbres portant mainte sorte de fruicts ; mais il nen y avoit nuls que fussent bon a mengier, sinon une sorte de petis arbres le plus hault navoit que six pieds, les foeulles comme ung laurier, et portoient lesdis arbres comme freze de nous, ayant le goust ; et sestoient rouge comme freses, et en y avoit tant que cestoit merveille ; et daulcunes estoient aussy grosse comme une grosse noix. Lesdites montaignes estoient plaines de roches et pierres ; dont y usasmes plus nos sorles que nous ne eussiesmes fait en quinze jours en nostre païs. Nous fusmes souvent juer sur lesdites montaignes en attendant le plaisir de Dieu jusque le nuict de tous les saincts.

Ainssy le nuict de tous les saincts environ deux heures devant le jour le vent refut bon ; et nous mismes a chemin dont fusmes bien joyeux quant veismes le vent fraper dedens nos voilles. Il y eult sept pellerins le jour devant qui se firent mener en ung batteau daulcuns pesqueurs cuidant estre plus tost a Venise que nous, et leur couta sept ducas pour y estre menes a leurs despens. Car nostre patron ne leur rendit point une maille de che que avoit recheus de eulx. Il y en eult de cheulx qui me demanderent si je volloie aller avec eulx. Dont je respondis que non et que attenderoie laventure de Dieu. Car nostre nave estoit plus seure que ledit batelet. Car il estoit sy petit quils nosoient aller en plaine mer et alloient tousjours costiant la terre, et se prenoient port toutes les nuicts. Dont mapensay quant eussiesmes party au prismes trois jours apres que seriesmes encore plus tost a cause que alliesmes aussy bien de nuict comme de jour. Et ainssy comme ay escris partismes et fusmes cedit jour alendroit de le ville de Lisene environ lheure de midy et adoncq nostre vent cheut ; mais le nuict reusmes bon vent, dont exploitasmes fort et prismes tous couraige.

Le jour de tous les saincts premier jour de novembre nous trouvasmes a lendroit de le ville de Jare devant dite. Notre patron fit du lourt comme ay escript devant et penssiesmes quil iroit faire quelque grant bonne por sa nave, mais il nous fit tirer le grant mer pour exploiter. Il nous fut dit de nos trussements que en ladite ville de Jare repose le corps sainct Simon lequel circoncist nostre seigneur, et y a des relicques de pluseurs saincts, et est la ville grande et belle, mais elle nest point marchande. Car ce sont quasy toute gens vivans de leurs rentes allant a la chasse. Car il y a beau païs a lentour fort plain de bien. Cest esclavonie.

Lendemain qui estoit jour des ames nous eusmes assez bon vent et fismes grande journee et le nuict aussy. Tellement que fusmes lendemain jour sainct Hubert environ deux heures apres midy au port de Parensse. Dont il y a de Gente sept cens mille.

Le port et deschente a Parensse et du retour.

Ainssy le jour sainct Hubert troisième de novembre vinsmes a la ville de Parensse laquelle est petite sur le bord de la mer ; mais au dessus y a bon païs et des biens assez, et a bon marchiet de pain, de vin et de venaison. Car nous achetasmes une bisse toute nouvelle tuee, laquelle eusmes pour six marssel que vallent vingt patars. Donc le fismes coper par pieches pour nous souper. Et en attendant que le souper fust prest allasmes juer sur le bord de la mer pour savoir se nous ariesmes quelque barque pour nous mener a Venise. Car il fut dit que nostre patron navoit point intention de nous mener plus avant, et quil volloit deschierger du sel pour ladite ville, et nous dit on quil demouroit la plus de huit jours. Et nous que desiriesmes de raprochier nostre païs marchandasmes nous quinze tant seullement a douze ducas, et se fallut que les aultres pellerins fesissent ainssy es paierent autant. Ainssy eusmes trois barques de trente six ducas. Nous souhaidasmes plus de cent fois nostre patron perdus, car le traictre avoit marchandes, et estoit paye pour nous ramener audit Venise. Se fallut que nous tous eussiesmes patienche, car nous eussiesmes trop attendu a avoir nostre raison. Quant nous le disiesmes a nos trussemans ils ne faisoient que rire, et disoient que cestoit le maniere des Venissiens de promettre assez ; mais ils ne tiennent riens sur leur seignourie : vas se ty fie.

Le partement de Parensse et de retour.

Ainssy cedit jour apres que eusmes soupes vismes pour venir en le barque que aviesmes marchandes, mais les villains de le ville avoient frumes les portes pour nous composer ; et nous couta deux marssel pour widier. Et pourtant ont les poures pellerins assez affaires. Apres ce allasmes requerir nos coffres et nos bagues qui estoient encoire en nostre nave et fusmes encoire renchonnes aux mattellos pour nous aydier a les avoir hors. Et soubit que eusmes tout partismes et vinsmes tout cotiant le terre, ad cause que le vent estoit grant, tellement que nostre barque clinoit sy fort quelle puisoit eaue. Dont pour che que celuy que le conduisoit ne scavoie estre maistre nous vint ancrer a ung port ou il y a une petite ville nommee Magon, et y a de Parensse dix huit mille tant seullement. Dont nous despleut bien. Car il nestoit que environ minuit. Quant il fut jour allasmes ouyr messe en ladite ville et la trouvasmes une belle petite eglise bien aornee de tables dautels, se nous sembloit chose nouvelle, car nous nen aviesmes point granment veu depuis Venise. Apres allasmes desjuner se trouvasmes bon marchies de vin, mais le poisson estoit chier.

Chedit jour quatrieme de novembre qui estoit vendredy. Ne trouvasmes point de poisson sinon du bien salles, et bien chiere comme dict est. Se nous en passasmes et se aviesmes bon apetit. Nous ne trouvasmes nuls oefs sinon a ung marquant le pieche, cest sept deniers de nostre monnoie. Apres disner allasmes veoir les fourbours du lets de la terre et y trouvasmes six chapelles ou il y avoie de belles ymaiges et bien paintes. Dont prismes plaisir de les regarder, et sont daulcunes de vingt pies de lune a lautre, et y sont les tombes de ceux qui les ont fait faire et est le maniere en che païs la cheulx qui ont des terres et biens de quoy aupres de la ville y font faire quelque chapelle et se font la enterrer et leurs amis.

Le samedy cinquième de novembre le vent estoit encoire sy fort que nos marronniers noserent partir. Se ne scaviesmes que faire synon que fusmes juer environ une mille pour veoir le païs. Se trouvasmes des belles vignobles toute encloses comme ung jardin. Et y a dedans lesdites vignobles pluseurs olliviers. Dont il y a largesse dolle dollive. Nous vismes queullier desdites ollives, lesquelles estoient toutes noires, comme raisin gros; et je vous promes que le terre est bien fertille. Nous fusmes encoire en ladite ville lendemain tout le jour.

Le lundy septième de novembre nous fusmes encoire tout le jour audit Magon et sur le vespre le vent se accoysa de sy fort venter, dont en vinsmes couchier en nostre barque ; et ainssy que a dix heures en le nuict tirant les ancres et puis desployant le voille qui nestoit guerre grant. Toutesfois le vent nous souffla sy bien que fusmes lendemain environ quatre heures au matin a Venise ; dont fusmes bien joyeux ; mais avant que y fussiesmes environ a demi lieu pres nous vinrent pluseurs sergeans de Venise a tous de petits batelets et avoient des haves de fer de quoy ils vinrent agriper nostre barque. Dont quant furent entres dedens lung desdis sergeant trouva les bougettes dung gentilhomme de Savoie pellerin, ou il y avoit quatre pieches de camelos tesnes que luy avoit achete a Rodhe pour luy vestir luy et sa femme et les avoie eux pour neuf ducas. Ledit sergeant malgres bon gres emporta lesdis camelos, et volloit dire que cestoit marchandise et quil seroit confisquies ad cause quy ny avoit point densaigne davoir paies aulcuns tribus aus passaige des Venissiens. Et cremans quil ne foullast plus avant leur donnat ausdis sergeans tout plain dargent, et pourtant troeuve on partout des composeurs, et se furent emportes lesdis quatre camelos. Puis regardasmes combien nous aviesmes despendus dont payay pour me part du souper de Parensse, et pour le despensse a Magon et pour le maronier jusque audit Venise la somme de

100 gros.

La deschente a Venise et du retour.

Ainssy le mardy huitième de novembre vinsmes a Venise et allasmes remerchier nostre dame que se nomme des miracles, et ouysmes messe, car il y a tousjours jusqua douze heures. Cest une chapelle qui est belle, et ou la belle dame voelt estre servie. Car il y a pluseurs personnaiges et tableaux des miracles quelle y faict. Apres avoir faict nos devotions allasmes disner. Mais soies sœur que tout nos sambloit tres bon. Ce apres disner allay lendemain pour vendre mon coffre et mes lincheux a cheulx que les avoie eulx et nen sceu avoir que le moitie de che que mavoient couste. Apres allay acheter queunevace et le coppay par bendes pour coeudre autour de mes deux palmes. Dont quant fut cousus, mis lesdis palmes en leaue. Adoncq ledit queunevace se retira, et apres cela furent sy roides comme une javeline et men ayday fort en chemin quant passoie aucune lavasse, comme ores cy apres.

Le merquedy neuvième de novembre pluseurs de nos compaghnons sen allerent veoir nostre dame de Lorette pour accomplir leur promesse quils avoient fait en nostre nave quant nous aviesmes eux tourmente. Et pluseurs aultres se partirent pour retourner et pour venir en leur païs. Je demouray tout cedit jour avec ledit gentilhomme de Savoie pour ravoir ses quatre camelos; mais ad cause que gardoient le feste de sainct Theodore ne les poeusmes ravoir, car on nous dict que lesdis sergeans les porteroient au pallais devant les seigneurs de Venise lendemain au matin. Je mapensay au lieu de riens faire que prenderoie certification de pluseurs pellerins et le sceel de Venise comment mon compaghnon Jehan du Bos estoit mort sur le retour; et quil avoit estes rues en le mer droictement au gouffre de Satallie comme dict est. Et me couta ladite lettre neuf marssel qui vallent 60 gros.

Le dixième de novembre et nuict sainct Martin allasmes nous deux le dessus nommes audit pallais, et se y vint Bertellemy nostre trussemant lequel estoit natif de Lille, et trouvasmes la nostre patron, lequel dit et nous aussy aux seigneurs que ledit pellerin avoit achete les camelos pour luy vestir. Se fut ordonne de le ravoir. Toutesfois ledit sergeant quy les avoit, eult demy ducat. Et autant ledit Bertellemy. Ainssy fut encoire composes le poure pellerin. Et apres allasmes disner. Et cedit jour apres souper montasmes sur une barque pour venir a Padoue dont contay a mon hoste de Venise et y despendis 40 gros.

Le partement de Venise du retour.

Ainssy le vespre apres fait bonne chiere partismes de Venise et fusmes oultre le mer environ minuit. Et apres tirant nostre barque a force dengiens por le mettre dedens la riviere deaue doulce qui vient a le ville de Padoue, dont y arrivasmes lendemain six ou sept heures a midy. Adoncq fusmes bien joyeux davoir eschappes dung si grant fosses nommes le mer. Apres disner vis pluseurs cevaulx a nostre hoste, et nous sambloit a vir tous beaux a cause qu'il y avoit si longuement que nen aviesmes veu. Sen achetay deux lung pour quatorze escus au soleil et lautre pour neuf escus lequel quy me sambleroit bon, mais que jeusse estes une lieue le debvoie prendre.

Ainssy le jour sainct Martin onzième de novembre apres avoir faict marchandise de chevaulx fusmes pries quatre ou cinq daller souper a le maison dung homme de bien lequel estoit fils au prevost de sainct Quentin et estoit la a lestude audit Padoue ; car il y a grande estudirie. Ung de cheulx qui estoit pries avec moy me pria quil poeult avoir lung des deux chevaulx que javoie achetes. Et a son chois pour ung escus jen fus contens, ainssy fut quitte mon hoste de ses deux chevaulx. Mais je devoie avoir ung escus pour choisir nen vollut rien faire ; et paya a mon hoste celuy de quatorze escus, et me laissa celuy de neuf. Jeu patienche ; mais Dieu men vengea bien, car ledit cheval eult le deuxième journee grande fortune comme pores ouyr chy apres. Nous fismes bonne chiere, et ne vollut ledit estudiant rien prendre de nostre argent pour lamour du païs. Adoncq luy donasmes aulcunes croix.

Le douzième de novembre allasmes ouyr messe audit Padoue, et puis fismes bien ferrer nos chevaulx et puis grosse compagnie allasmes disner pour partir apres, car il y avoit venus pluseurs devant nous pour avoir des chevaulx sen eurent millieur marchiet que moy ; mais ad cause desdis camellos avoit estes atargies avec le savoyen. Je despendis audit Padoue   20 gros.

Ainssy apres disner partismes dudit Padoue et sambloit que mon cheval eusist douze anguilles en le panche ainssy alloit il. Chascun le regardoit, mais soies sœur avant quil fut vespre il saquoysa bien. Nous trouvasmes environ six mille de cras chemin ou nos chevaulx alloient bien avant, et perdit mondit cheval lung de ses fers. Apres eusmes bon chemin et plain jusqua Vinchensse ou on conte de Padoue dix huit mille ; le ville est tres belle et forte du lets de Padoue et y a des beaux fourbours frumes et contre le fremeture de la ville passe une grosse riviere et sont les murailles fortes. Nous venus au logy trouvasmes pluseurs de nos pellerins quy estoient venus devant. Se nous fallut attendre apres nostre souper, en ce tamps fismes referrer nos chevaulx et nous ressuasmes car nous estiesmes quasy perchies de le pluie. Je dependis cette vespree   13 gros 4 deniers.

De Vichensse partismes le treizième de novembre au matin et trouvasmes environ huit mille de plat païs et une mille oultre trouvasmes ung pont rompu et avoient les lavasse deaue quasy tout emporte. Il nous fallut avoir ung homme a tout une jument qui vint

passer leaue et nous mena ou il faisoit main profons. Ladite eaue alloit rade se variasmes de retourner bien deux lieues ; mais nous nous aventurasmes et tatoie le font a tout mes deux palmes liees et cousues comme ay escrit devant ; quand eusmes passes trouvasmes ung petit bourq nommes Montabel et au sortir dudit bourq trouvasmes le chemin plain de poutee des terres desdites lavasses, et eusmes malvais chemin. Car il y avoit ung petit oultre tout plain de pierres. Nous vinsmes trois mille decha ledit Montabel disner en ung grant logis, nous quatre et deux aultres vollurent aller plus avant dont lung se noya parceque comme pores ouir. Je despendis

8 gros.

Apres disner partismes nous quatre et soubit que fusmes hors dudit logis trouvasmes au chemin tant deaue que tous les fosses a ung et a laultre desbordoient. Les trois avecque que jestoie donnerent ung marssel pour les mener et esquiever ladite eaue et moy que venoie avec ung cheval seur devant moy maventuray de passer ; mais je men repenty bien, car a le fois falloit quasy mon cheval nagea, et sans mes deux palmes je neusse sceu aller. Lung de cheulx qui navoient point disnes ave nous nommes maistre Jehan pies de fer seigneur despies aupres de Louvre en parisis sy noya presque, car il tourna son cheval trop de costes, et trouva les fosses et adoncq senfonssa et fut bien demie heure en leaue sans cheval, dont aulcuns païsans a tous des bons bastons qui luy baillerent le tirerent hors. Quant jeus passes ledite eaue fus bien joyeux, et soubit retrouvay les trois pellerins qui sestoient fait guider. Ung petit oultre trouvasmes ung grant bourq ou on nous dit que ledit maistre Jehan estoit en ung logis et que se ressuoit. Adoncq le allasmes veoir, mais cestoit une pitie de veoir ses habillements. Et nous monstra une petite chemise de nostre dame de Chartre de ou il estoit aussy chanoine. Et nous dit quil creoit que sans ladite chemise quil avoit vestue sur le chair il eult estes noies. Che sont chemises que on fait audit Chartre, et y a escris Jesus, et sont touchies a pluseurs relicquaires, et les porte on de peur des dangiers que poeultent advenir. Ainssy attendismes le gentilhomme tant quil fut ressues, puis partismes et soubit que fusmes hors dudit bourcq on nous dit que ne poriesmes passer pour encore une grande lavasse, et quil nous falloit avoir ung bacquet pour nous passer, et de nos chevaulx les faire nager. Dont quant ouysmes che nous chincq fusmes deliberes de passer par ung aultre chemin, et quant eusmes alles environ ung quart de lieue trouvasmes une grosse eaue, et y avoit des paisans assis sur le crete de pres de la. Ledit maistre Jehan pies de fer nosoit aller devant. Moy venant je boutay dedens leaue et tatoie a tous mes deux palmes ou il faisoit moins profons, et ainssy que estoie quasy hors demanday ausdis paisans se jaloie bien, dont me firent signe que tirasse a le main droicte, et cuydant quils desist vray ne tatay plus le font, dont convint mon cheval a nager ung petit. Toutesfois je sentoie bien le pont de me jambe senestre que avoie laissies. Je me cuyday ruer sur ledit pont et se ne le veoit on point pour leaue trouble que alloit par dessus. Mais mon ceval comme Dieu le vollut se jetta sy fort quant il sentit le terre que widay hors ledit trau, et sy soubit que deux petites males que avoie bien pesant cinquante livres et une devant moy de toille ou avoit pluseurs besongnes ne furent mouilles, dont je regrachie le benoict saulveur. Ledit maistre Jehan veant que avoit pris trop a le main dextre tourna son cheval trop a le main senestre, car ledit pont navoit que environ quatre pieds de large. Adoncq le poure homme crioit que cestoit une pitie, son serviteur le cuyda ayder, mais ad cause quil tourna son cheval trop court labatit dedens ladite eaue. Et adoncq les paillars de paisans qui en estoient cause coururent les ungs au maistre et les aultres au cheval du serviteur que ne scavoit ramper hors du fosses. Et lavoit habandonne ledit serviteur pour se sauver. Et soubit que ledit pellerin et ses chevaulx furent hors de leaue furent menes dedens une maison pour eulx rechauffer ; mais ledit pied de fer perdit deux bougettes que estoient sur le cheval ledit serviteur ; dont il en despleut fort audit maistre Jehan, ad cause quil y avoit ses heures et se y avoit du beau coraille quil avoit eult a Candie. Et se y avoit en lautre bougette deux paires de lincheux et trois chemises. Je croy bien que aulcuns desdis paillars mucherent lesdittes bougettes. Les deux aultres pelleris 'quy nous avoient veu passer vinrent au millieu de la ou aviesmes passes et neurent garde ils me conseillerent de peur de laissier refroidier mon cheval que alliesmes tousjours. Che fut Jehan le danois que ay escript devant compaghnon aux trois prestres que sestoient accompagnes avecque nos deux mon compaghnon Jehan du Bos. Celuy danois ne me laissa point jusqua Paris ; et laultre qui estoit avecque estoit le savoien a qui on avoit rotes les quatre camelos, il ne me laissa pas jusqua sa maison. Ainssy nous trois vinsmes tousjours cuydant que ledit Pied de fer deult venir apres quil seroit ressues ; mais il demoura la nuict en ledite maison, et nous vinsmes au giste a la Chauderre. Cest ung petit bourcq sur le chemin qui est bien large, et y a de pres le milleur logis une chapelle petite. Nous venus audit logy commenchasmes a deviser des fortunes dudit prestre penssant bien que le cheval de son serviteur seroit morfondu, comme il en advint ; car oncques depuis ne fit bien, et pourtant Dieu est juste. Car comme ay escript devant lavoie achetes a me sansse, et ad cause quil mavoit promis ung escut dor luy laissay avoir. Toutesfois je nen sceu rien avoir de luy, et pourtant quant fera bien aura bien. Je despendis ceste vespree   13 gros 4 deniers.

 Le quatorzième de novembre bien matin partismes de la Chauderre et ainssy que wuidiesmes du logis percheusmes ledit Pied de fer et son serviteur lesquels sestoient fort guides de peur de nous perdre, adoncq nous conta comment il avoit perdu ses deux bougettes. Adoncq allasmes ensamble et trouvasmes ung bourcq nommes sainct Martin, ou il y a chincq mille. Et de la a Verone chincq mille; et demourasmes la au disner et aviesmes trouves beau chemin et large. Laditte ville est belle et grande et forte. Les fourbours du let de Venise sont frumes et y a des beaux logys. Et quant on voeult entrer en le ville, y a grosse riviere du mais aussy large que le Saine est a Paris. Et se y a quatre chasteaux bien fort et la ville qui est bien marchande. Quant nous widasmes du let de Mellan trouvasmes aussy fourbours frumes. Je despendis audit Verone   9 gros.

Apres disner partismes, et y a jusqua Pisquerre quinze mille et trouvasmes beau chemin et plat et y vinsmes au giste; cest une petite ville fondee sur ung lac et sont quasy toutes arcures dont sont les maisons faictes dessous. Nous y fusmes bien traicties a lensaigne sainct Marc, car nous eusmes une crasse truite et pluseurs grives rotis et aussy du bon vin; il ne souvenoit plus audit prestre de se perte, car nous le mismes tout dehet et son serviteur aussy et despendis audit souper   13 gros 4 deniers.

Le quinzième de novembre partismes de Pisquerre nous six, car lung qui avoit passes au bacquet devant dict trouvasmes la dudit Pisquerre a Luna a dix mille. Cest une petite ville haulte assise, et nest point le droict chemin, mais ad cause des lavasses deaue vinsmes la disner. Et aviesmes pris une guide pour nous y conduire. Dont trouvasmes beau chemin et païs bien laboures que cestoit une noblesse a veoir. Car ils ont une fachon que en es champs de terre a bleds ou a avoine ou a orges ou a pois il y a rens dar-

bres tout du long desdis champs et sont environ de vingt pies en vingt pies et y a autour de chascun arbre gets de vigne, dont ils font aller les branches des vignes darbres a aultres, lequel est beau a veoir. Car quant le rosin est venu ; il pent en lair deseure ce que croit ausdits champs. Audit Luna despendis au disner
9 gros 4 deniers.

Lapres disner partismes dudit Luna, et y a jusqua la ville de Bresse quinze mille ; cest une grande ville, ou il y avoit eult longuement siege devant, et se est encoire bien belle et forte, et du let de Venise y a ung chasteau bien hault qui est fort, les fosses de la ville sont machonnes jusquau font a ung let et a lautre a font de queve. Les fourbours sont tout abatus pour ledit siege quy y a estes. Nous vinsmes la au giste cedit jour, et fusmes logies a ung grant logis assez pour logier du mais deux cens personnes et lensaigne est a lecrevice et despendis 18 gros et longuement servy.

Le seizième de novembre partismes au matin de le ville de Bresse et y a jusqua Cocoie deux mille. Cest ung petit bourcq et y a ung chasteau. Nous demourasmes la au disner et y despendis 14 marquet qui vallent   9 gros 4 deniers.

Lapres disner partismes de Cocoie, et y a jusquau pont doiie sept mille. Cest une petite ville, et de la jusqua Martignien a cinq mille, cest aussy une petite ville ; et de la a Morengue a quatre mille, cest aussy une petite ville et vinsmes la au gist ledit jour. Et fusmes bien traicties dont despendis la somme de 14 gros.

Le dix septième de novembre au matin partismes de Morengue et y a jusqua Trivy six mille, cest une petite ville, mais il y a des bons logis a lhonneur. Et de la a Cassant a trois mille ; et y a ung bacq a passer. Et ledit Cassant est ung bon bourcq, et de la a Pontesseul a chinq mille. Nous vinsmes la disner et despendis
7 gros,

Lapres disner partismes de Pontesseul et y a jusqua Mellan treize mille et tout plain païs et large ; et trouvasmes aupres le chemin fort rompu et tapoient nos chevaulx bien parfons en la fange. Les fourbours de Mellan sont grands et sont enfrumes et samble ung bourg de ville a lentree en venant de Venise et y a ung hospital sy riche et sy grant que est le ville dorchie ou plus ; et sont les murailles bordee de blanques pierres, et les cheminees sont si noblement machonnees que cest noble chose a veoir. Nous vinsmes la au giste audit Mellan cedit jour dont fismes bonne chiere ; mais il nous couta bien.

Lendemain que estoit dix huitième de novembre soubit que fusmes leve fusmes veoir leglise de nostre dame laquelle est belle et de riche taille de pierre. Ou il y a pluseurs personnaiges esleves et bien faict. Par dehors leglise elle nest point achevee, car il y a pluseurs pillers sur latre pour le raslongier. Elle a soixante seize agambees de large par dedens. Apres que eusmes faict nos devotions, allasmes veoir les rues lesquelles sont belles et larges et plaine de toutes sortes de marchandises. Et apres ce veu vinsmes disner ; mais on nous servy comme des bibellos ; il estoit vendredy et eusmes dassiette deux ou trois plantes de cresson avec ung soret pour deux hommes, et puis du poisson de chascun environ trois morseaux. Sainct Anthoine jeusse bien mengies tout ce que eusmes pour nous six. Cestoit a le table de lhoste. Se nendurasmes de riens dire. Toutesfois il nous couta bon, comme cy apres ores.

Lapres disner allasmes nous quatre pour veoir le chasteau de Mellan, dont quant fusmes pres on alla demander au capitaine sil luy plaisoit, dont nous vint veoir ad cause quon luy avoit dict que estiesmes pellerins du sainct voyage, et nous demanda des manieres du païs. Et puis nous fit convoier tout par tout ledit chasteau et soies sœur que cest grant chose. Car du lez de la ville il y a trois ponts et portes bien deffensables; et y a fosses profons et aussy forte muraille de bricque, et y a bien dune porte a lautre du mais cent pieds de long. Puis apres on nous monstra lartellerie que cest mervelle de veoir et pour faire court, sans traison il nest pas possible de lavoir. Celuy que nous menoit ainssy tout partout estoit auprès de Douay, et y avoit estes gendarme. Il nous fit ung beau bancquet dedens ledit chasteau en sa chambre; et nous fit envoyer querir de le bonne bierre quon brasse audit chasteau; mais je me tins au vin. Ledit gendarme nous conta quil avoit estes aultrefois de le bande de Monseur de Emerie quant il fut en Gueldre; et le nommait on audit chasteau monseur de la Courbette, et congnoissoit tout plain de gens de Douay; apres que eusmes la estes assez allasmes juer encoire avant la ville et veismes pluseurs femmes bien acoustrees ayant belles huves de soie; daulcunes des fis dor sur leur teste, et pardessus ung beau bonnet descarlatte comme ung homme. Apres ce vinsmes souper, et fusmes servy au legier, comme au disner. Toutesfois cestoit ung des grants logis de Mellan a lensaigne du puich. Et se y avoit bien plaiche pour logier deux cens hommes. Mais je ne men loue point, car nous fusmes mieulx au villaige.

Le dix neuvième de novembre au matin allasmes ouyr messe puis apres vinsmes en nostre logis et fismes mener nos chevaulx au marissal, a cause quils ferrent bien drola. Aussy nous cremiesmes les montaignes que aviesmes a passer se les fismes ferrer tous neofs; et je vous promets que mon ceval rapporta ses fers jusqua Douay, et croy quil ny eult fallu mettre nuls claux se ce neult estes pour les glaces que trouvasmes. Apres que lesdis chevaulx furent tous pres vinsmes disner, et fusmes servy ainssy que le jour devant; adoncq ny vollusmes plus demourer. Toutesfois nous cuydesmes sejourner jusqua le lundy pour attendre les chevaulx de maistre Jehan Pied de fer devant dit fussent delasses. Mais pour lapparence que vismes madasme lhoste pour conter, et ledit hoste nous demanda vingt patars pour chascun jour. Nous penssiesmes quil se mocqua. Toutesfois il eult de chascun de nous pour quatre repas que aviesmes eux, sept picquotins davaine pour nos cevaulx payasmes chascun 70 gros.

Ainssy lapres disner partismes nous quattre de Mellan ; maistre Jehan Pied de fer et son serviteur demourerent audit Mellan pour avoir des aultres chevaulx, car les leurs ne valoient plus riens, a cause quils avoient estes morfondus en esdites eaux et nous vinsmes au giste a Boufriolle ; cest ung bon villaige ou passe une riviere comme lescault, portans batteaux ; et y a de Mellan seize mille ; mais il y a pluseurs bons villaiges sur le chemin ou il y a des bons logis. Le païs est assez plain, et y a des belles vignobles dans les champs laboures, et le chemin est bon a tenir. Je despendis ce soir 15 gros.

Le vingtième de novembre au matin partismes dudit Boufriolle et vinsmes disner a Novarre et y a dix huit mille. Cest une belle ville assez grande ; mais elle est fort sombre. Toutesfois nous y veismes les plus belles femmes du monde, et estoient bien accoustrees desgrasament. Entre ledit Boufriolle et ledit Novarre est le chemin plain ; et y a ung bacq a passer. Et fut bien dix heures avant que venissiesmes au logis et despendis la somme de
9 gros 11 deniers.

Lapres disner partismes de Novarre et vinsmes a Verssel ou il y a beau plain chemin a plain païs ; nous demourasmes la au giste audit Verssel ; cest une bonne ville et forte ; et est la premiere ville de Piemont en venant de Venise et est au duc de Savoie, je despendis 13 gros 4 deniers.

Le vingt unième de novembre au matin partismes de Verssel et vinsmes a saincte Yate, et y a douze mille et entre lesdites deux villes se depart le chemin pour aller par le mont sainct Bernard. Et sont les mille plus grande que par avant. Il y a sur le chemin des bons logis tenant une petite ville nommée sainct Germain et est le païs beau et plain ; mais le chemin est fort rompu en pluseurs lieux. Nous vinsmes disner audit saincte Yate. Cest une petite ville frumee comme Orchies ; ou y vient de pluseurs lieux, gens mors de chiens esragies et sont la affranchy, quant ils ont but du vin et quils ont esvoques les noms de pluseurs saincts dont ils ont la les osse, comme de saincte Yate, et de sainct Estienne et de Anselme ; je y descendis audit disner et fusmes bien servy

8 gros.

De saincte Yate a Chillon y a huit mille et de la a Quas a six mille. Nous vinsmes la au gist cedit jour. Cest une ville frumee ; mais nous logeasmes hors droictement devant a lensaigne de la serue ; cest ung bien grant logis ou nous fusmes bien traicties et sestoit tard quant nous y arrivasmes et y despendis cedit soir

8 gros 4 deniers.

De Quas partismes le vingt deuxième de novembre au matin et gunes a Turin et y a dix mille ; mais il y a ainssy que au my chemin une petite ville, ou y a des beaux logis. Le païs est assez plain, mais le chemin est assez penable. Le ville de Turin est grande et belle et est assez sortie de marchandise et se est forte et y a estude. Nous demourasmes la au disner et fusmes bien servy et despendis

8 gros.

Lapres disner partismes de Turin et vinsmes a Rivolle et y a six mille adoncq on est au grand chemin de Rome, pourtant ne voeult plus escrire des villes ne des mille. Car on les pora scavoir quant vora lire en ce livre cy devant. Nous vinsmes coucher a Villaie et vinsmes disner a sainct Jorre et fusmes bien traicties et despendis au disner 8 gros.

De sainct Jorre partismes lapres disner et vinsmes a Suze et la achetasmes chascun des mouffles et pluseurs chauçons ad cause que aprochiesmes les montaignes terribles. Apres vinsmes au giste cedit jour a Nouveiellaize qui est au pied du mont de Senis, et despendis 13 gros 4 deniers.

Le vingt quatrième de novembre bien matin partismes chascun ung mullet ou une forte jument pour monter ledit mont de Senis et fismes mener nos chevaux par aucuns garchons ; dont ils eurent et nous aussy del paine , car il negeoit fort et ne pooit on aller syl ny avoit aucuns que fesist le voie; et me couta pour mon mullet et pour mener mondit cheval jusqua logis tout amont ; et aussy pour ung maron a me tenir aus malvais lieux me couta 20 gros.

Nous venus a ledit maison trouvasmes ung cardinal qui alloit a Rome et avoit bien cent ou six vingt chevaulx de son tray. Cestoit ung pitie de les veoir , car le neige estoit engelee contre leurs yeux et ne veoit quasy goutte. Les hommes avoient des bericles de voir et ceulx que nen avoient point avoient coppes leurs bonnes et affules comme ung faulx visaige qui estoit bien estrange a veoir. Nous qui estiesmes environ seize les eussiesmes rencontres demi lieu plus decha, je croy que le moytie de nous y fusse mort de froid, car cest le manière comme ay escrit des laller que le petite compagnie se tire de costes pour faire passer la grande. Car il vault mieulx a perdre vingt hommes que cent ; et en audit chemin aviesmes trouves pluseurs chy trois, quatre a le fois et fallut quils se destournassent ; jen avoie pitie car les chevaulx estoient jusqua le panche esdites neiges. Quant le cardinal fut tout passes jestoie deschendu de mon mullet, et prins mon cheval par le bride pour le cuidier mener tout bellement pour me reschauffer. Mais il faisoit sy grant vent et de telle sorte quil sambloit que tout deult finer ; et me crevoit le neige les yeulx. Et se ne me scavoie tenir; et quant je veis que ledit vent menforchoit me laissay cheoir par derriere ; et encoire memportoit il car jestoie sur ung lieu sy royde que je croy que Dieu me ayda fort. Et ainssy que jestoie en celle peur vint accourant ung ramasseur quy mavoit veu partir, et me cria demourasse, se ne volloie morir. Et besoing mestoit de me faire ramasser ; veant que nen pooie plus et aussy que mon cheval trambloit de froit labandonnay, et deux bougettes que avoie dessus dont lune estoit a mon compaghnon Jehan du Bos que raportoit a sa femme, ou il y avoit mainte belles bagues. Et sy ayoit sur ledit cheval une besache ou estoient mes chemises et aultres choses ; mais loes soit Dieu je ne perdy riens; car ung aultre homme acourut et mena mon cheval jusquen bas. Et ledit ramasseur me fit assir sur se ramasse que nest aultre chose que ainssy que une bourree de genettre, dont est liee par le gros boult dune corde lequel ramasseur tient lung des boults et tire ladite ramasse et se a ung baton ferres de quoy il se apoye et vat si rade quon pert ses sens et entendements. Et ainssy que le ramasseur alloit rade sur ung pendant widay hors en habandonnant le cordelle a quoy je me tenoie, et desgringuelay plus de dix pies, dont nuls ne creroit comment je eschapay. Car jestoye dessus ung abisme plus de six cens pies de profond. Je mestoie recommande la matinee a madame saincte Catherine lequel estoit le nuict ; dont croy quelle avoit pries pour moy. Pour faire cour mon ramasseur me remit sus ledite ramasse, car jestoie a moytie mort. Toutesfois javoie tousjours tenus mes deux palmes. Ne demouray guerre depuis que fus au village de Lainebourg. Dont quant fus arrive ne scavoie que faire ou me chauffer ou de pensser de mon che que vint soubit, et estoit chergies de neige engelee que ne le pooie avoir jus. Se me desvety et le couvry et le frotay fort encore trambloit il. Dont luy lia une jambe a se chaingle dune torque destrain, car je lavoie veu faire aultrefois, puis men vins paier mon ramasseur et me couta au cause que le tamps estoit si terrible, dont en fus a vingt gros. Et se despendis audit disner 10 gros.

Lapres disner partismes dudit Lainebourg et vinsmes couchier au Bourgiet dont je despendis le soir 15 gros.

Le vingt sixième de novembre jour saincte Catherine apres avoir ouy messe partismes dudit bourg et vinsmes disner a sainct Andrieu et y despendis 9 gros.

Lapres disner partismes dudit sainct Andrieu et vinsmes au giste a sainct Jean de Maurienne et la laissasmes lung de nos compaghnons ; lequel nous pria tous au souper a se maison. Cestoit le gentilhomme de Savoie a qui avoie achetes a Rodhe les quatre camelos devant dict, et pour que aviesmes eu tant de paine a les ravoir a Venise, comme ay escript devant. Ainssy nous cinq fusmes souper a le maison dudit savoien. Mais Dieu scet que fusmes bien tennes, car je croy que lung du mais eut bien mengiet ce que eulmes, encoire quant le souper fut faict nous fit demourer au giste a se maison nous deux Jehan le Danois, les aultres estoient gentils hommes dengleterre se vinrent couchier au logis ou estoient nos chevaulx.

Lendemain que estoit le vingt sixième de novembre bien matin nous levasmes nous deux Jehan le Danois et allasmes ouyr messe a le grande eglise nommee sainct Jehan, et la trouvasmes les trois engles de nostre compaignie. Adoncq priasmes au tresorier de nous monstrer les relicquaires, dont nous mena en une chapelle haulte de costes le cœur de leglise ; et adoncq nous monstra deux dois de monseur sainct Jehan, lesquels estoient tout noirs de avoir estes au feu ; mais le benoist createur avoit permis quils nestoient point brusles ; et nous dirent les religieux que estoient les deux dois de quoy le benoist sainct avoit monstres le saulveur, quand il dit : *Ecce agnus Dei*. Apres avoir faict nos devotions vollumes aller pour desjuner au logis ou estoient nos chevaulx ; mais nostre hoste, cest a scavoir nostre compaghnon savoien, nous pria tant que venissiesmes desjuner en sa maison et quil nous feroit mengier de le viande que naviesmes point apris. Il ne menty mie comme vous ores. Par force quil nous pria y allasmes. Mais je fus plus honteux que le soir, car ce fut le batton de Flandre pis que devant. Se nous vollusmes mengier ce fut des aus hecquies et des ognons bien menu avec du vinaigre et de lolle dollive. Et apres le deuxieme assiette eusmes des trencq de bien magre fromaige que nomment audit païs seret a cause que se fait apres le bon fromaige ; et nostre dit hoste le mengeoit avec de le moutarde : jeusse volontiers rit. Car ils sambloit que lesdis gentilshommes simplassent. Ainssy comme ay ecrit ne menty mie ledit savoien. Nous le remerchiasmes et vinsmes au logis où estoient nos chevaulx, et ledit savoien car il nous les avoit faict bouter ; je croy que cestoit a luy. Ce fut au chapeau rouge tenant le porte ainssy que estiesmes venus de Venise, dont lhostesse nous fit paier a chascun de nous et se navoient eulx nos chevaulx que trois petites mesures davaine nous fit paier a chascun dix gros. Ainssy fusmes menes a le tronnielle. Je ne scaroie dire bien, ou je nen ai pas trouves.

Apres ledit desjunet partismes de sainct Jehan de Morienne et vinsmes couchier a Argentine, et fusmes bien traicties et aussy nos chevaulx de trois bonnes mesures, et ny despendiesmes bien en riant de le chiere de nostre compaghnon devant dit   12 gros.

Le vingt septième de novembre partismes de Argentine vinsmes ouyr messe a Ecquebelle, pour che que estoit dimenche, et puis y dinasmes. Apres partismes et prismes congies hors de ladite ville a trois desdis gentilshommes dengleterre ad cause quil sen revenoit le droict chemin de Lion, et aussy cestoit le plus court pour eulx. Mais nous deux Jehan le danois devant dit, aviesmes promis faire le voyaige a monseur sainct Glaude, et fut quant nous percheusmes nos compaghnons ainssy morir en nostre nave, comme ay escript devant. Et pour le cause laissasmes les trois engles et pensiesmes bien les retrouver a Paris. Et leur avoie baillies par escript le logis ou javoie aprins de logier. Mais quant y fusmes retourne audit Paris lesdis engles estoient partis le matinee. Se nous en fit bien mal, car cestoient gens de bien. Ainssy nous deux le danois nous misme a chemin dudit sainct, mais Dieu scet le paine que eusme, je me repenty maintesfois que avoie promis le voyaige, car nous trouvasmes le pieur cemin du monde, toute montaignes et valees et se plut tout le jour et sy ny avoit nuls villaiges ou eussiesmes sceu ou bouter nos chevaulx et se trouvasmes tant de pierres audit chemin que fusmes bien sept heures a cheval depuis ledit partement desquebelle jusqua une petite ville nommee Faubege et ny compte on que quatre lieues, dont quant y arrivasmes estiesmes tout perchies. Se demourasmes la au giste et y despendis parmy le disner desquebelle 21 gros.

Le vingt huitième de novembre au matin partismes nous deux de Faubege et vinsmes a Duing et compte on deux grandes lieue. Je cuydoie trouver la madame la vicontesse belle soeur a monseur le cardinal du Mans et tante a monseur de Fienne. Mais elle estoit bien long. Car je le trouvay soubit que fus arrive en nostre païs entre sainct Andrien et le ville de Gand. Et ainssy nous deux ledit danois allasmes veoir le chasteau de ladite dame, lequel est sur une haulte roche et y a aupres ung lac qui commenche a le ville de Nichil. Apres vinsmes disner au villaige en bas et despendis

              8 gros.

Lapres disner partismes de Duing et vinsmes audit Nichil et y a deux grandes lieues, cest une petite ville, ou se fait largement espees et couteaux et sont de bonne estoffes. Nous demourasmes la au giste pour estre bien traicties dont y despendis

             12 gros et demi.

Le vingt neuvième de novembre partismes nous deux de Nichil et trouvasmes may chemin jusqua ung gros villaige nomme Croisilles et y a de Nichil trois lieues. Nous demourasmes la au disner, car il estoit heure. Ainssy appert que les lieues vallent bien deux. Je despendis   8 gros.

Lapres disner partismes dudit Croisille et cheminasmes tant quil estoit presque nuict quant vinsmes a la ville de Geneve ; et se ny compte on que trois lieues. Mais nous aviesmes eult malvay chemin plain de pierre et fault en pluseurs lieux monter et deschendre et se fusmes fort mouliés. Nous fusmes bien traicties le souper audit Geneve. Car cest une bonne ville et marchande ; et la commenche la riviere de Rone que deschendt de leaue du lac de Lozenne. Ainssy que estiesmes a la table de lhoste et en faisant bonne chiere comme dict est, y eult deux gentilshommes soupant avec nous, et nous dirent quil leur sambloit que venissiesmes du sainct voyaige, dont leur dismes que ouy. Oyant ce lung demanda se nous naviesmes point veu sur le chemin ung gentilhomme suisse nomme messire Pierre Falcon[*], adoncq attaindit mon livre que estoit en me manche et leur allay lire comment il nous avoit souvent recrcer, et comment il nous disoit souvent en quel endroict nous estiesmes ;

et comment il nous avoit aydiet a partir de Jaf , car le seigneur de Hierusalem nous volloit retenir , comme ay escript devant ; mais par layde dudit suisse partismes , car ledit seigneur le recognut bien ; car cestoit pour la seconde fois que faisoit le voyaige ; puis leur lut le jour et lheure quil morut. Adoncq que eussies pris pitie de lung de ces gentilshommes ; car cestoit le neveu du trespasse , et estoit la venus luy deuxieme, pour en scavoir les vraies nouvelles. Dont ny eult plus de joye en nostre dit souper. Je despendis ladite nuictie. 13 gros.

Le trentième de novembre jour sainct Andriu partismes nous deux de ladite ville de Geneve et vinsmes a une petite ville nommee Gest et y a deux grant lieue de Geneve , ledite ville de Gest siet au pied des montaignes sainct Glaude , se demourasmes la au disner pour mieulx rafreschir nos chevaulx et despendis
8 gros.

Lapres disner partismes de Gest ; y a de la jusqua sainct Glaude chincq grande lieue , et y a hault montaignes ou nous trouvasmes forces neiges ; et puis apres nous fallut deschendre bien bas ; et puis fault remonter bien roide tellement que le bloucq du poitra de me selle se destacha et cremoie bien de cheoir , car la voiette estoit estroicte , et faisoit verglace. De cotes moy estoit ung val bien de quatre cens piet du mains. Cestoit pour se espanter de regarder en bas. Loes soit Dieu nous le montasmes sans fortune ; ledite montaigne se nomme de le fauchille et y a sus plaine ou sont pluseurs grandes granges ou on met les vaches en estes, et y font les païsans grant amasse de fromaiges , et puis apres on deschent jusquau dit sainct Glaude , dont le deschente est terrible, et tout par tout trouvasmes tant de neiges que nos chevaulx en pluseurs lieux ne sen pooient ravoir , et sans guide neussiesmes sceu aller ; car il fut bien deux heures de nuict avant que fussiesmes audict sainct Glaude. Nous nos logeasmes a le coupe dor, bon logis. Dont despendis le nuictie 13 gros.

Le jour sainct Eloy premier jour de décembre nous nos apenssames de faire cedit jour reposer nos chevaulx. Nous allasmes ouyr messe, et apres baisames les deux pies de monseur sainct Glaude. Toutesfois il y a huit cens ans quon les baise, et sont tout entier. Apres prismes chascun une chandielle de chire et adoncq veismes le corps tout entier dudit sainct dedens le fiertre qui est sur le grant autel. Et de pres est le fiertre de sainct Tozan; et deseure lesdites fiertre sont neuf personnaiges tout dargent et sont houzes et esperonnes et tout dargent; et se y a pluseurs aultres dors ad cause des miracles que le benoist sainct y faict. Nous y achetasmes pluseurs paternostres et aultres choses. Car nous nos scaviesmes des combatre de cheulx qui les vendent, ad cause que nous en aporterent tant en nostre logy. Je despendis cedit jour parmy le disner la somme de 21 gros.

Le deuxième de décembre nous partismes de sainct Glaude et vinsmes a Moran dont il y a trois grandes lieues et may chemin, cest ung gros bourcq. Nous demourasmes la au disner et y despendis parmy le guyde 10 gros.

Apres partismes de Moran et vinsmes a Orgelles dont y a trois grandes lieues, nous demourasmes la au giste et y despendis 12 gros et demi.

Le troisième de décembre partismes de Orgelles et vinsmes a Lion Saunier dont y a trois grande lieues et y a fort may chemin aupres. Car il faut deschendre fort bas et sont toutes pierres audit chemin; mais le païs dalentour est plain de vignes et aultres biens. Cest une petite ville bien peuplee et y a ung couvent de freres mineurs. Je despendis au disner en nostre logis 6 gros.

Apres disner allasmes juer avant la ville pour ce que y trouvasmes ung de nos pellerins lequel avoit son cheval recrant, il sestoit trop battes, se le reusmes bien. Nous allasmes veoir le chief de sainct Desires cousin germain de sainct Glaude. Et apres vinsmes souper et despendis parmy le desjuner de lendemain, car on nous fit grant chiere et en fu a 19 gros.

Le quatrième de décembre partismes dudit Lion apres avoir bien desjunes et vinsmes a Belveure dont il y a cinq grandes lieues et may chemin et fault passer largement bois dont nous demourasmes au gist audit Belveure ; cest une petite ville et y despendis 13 gros.

De Belveure partismes le cinquième de décembre et vinsmes a Nozre dont il y a trois petites lieus dont il fault passer aupres leaue du dou bac; et me couta en me part de guyde jusquau dit Nozre a cause des malvais passaiges trois gros ; et se demourasmes la au disner et me couta 6 gros.

Apres disner partismes de Nozre et prismes une nouvelle guyde a cause quil estoit tant deaue, et me couta en me part jusqua sainct Aubin, et se ny a que deux lieues 2 gros.

Mais elles sont grandes, car nous fusmes plus de deux heures a cheval. Nous passasmes et vinsmes au gist a sainct Jehan de Lonne et y a deux lieues, dont me couta me part a passer la riviere qui desbordoit aupres de ladite ville, tellement que nous fallut mettre nos chevaulx dedens ung bacquet dont en payay 4 gros.
Et au souper parmy mon cheval 13 gros.

Le sixième de décembre partismes de sainct Jehan de Lonne et vinsmes a Longicourt, ou il y a trois lieues et trouvasmes may chemin, nous demourasmes la au disner et y despendis
 6 gros.

Apres disner partismes et vinsmes au giste a Digon dont il y a deux grandes lieues et trouvasmes forche vignes aupres ; cest une bonne ville et belle et grande et bien marchande. Mais nous y fusmes chierement traicties. Il me souvenoit de Mellan. Je despendis ladite vespree audit Digon et servy de bibillos ?

14 gros et demy.

Le septième partismes de Digon et vinsmes a sainct Soigne bourcq; dont il y a cinq lieues et beau chemin dont dinasmes la et y despendis et fusmes bien traicties pour   6 gros.

Apres disner partismes de sainct Soigne et vinsmes a Baigneu et il y a cinq lieues et bon chemin et nous demourasmes la au gitte et despendis   13 gros.

Ce huitième de décembre partismes de Baigneu et y a jusqua Aszez le duc quatre lieues may chemin. Nous y vinsmes disner et despendis   6 gros.

Apres disner partismes de Aszez le duc et vinsmes a Castillon bonne ville et passe la Saine parmy bien petite il y a trois lieues et bon chemin, nous passasmes oultre et vinsmes couchier a ung villaige nomme Potierre et y a deux petites lieues dudit Castillon et malvay chemin. Je despendis audit Potierre   10 gros.

Le neuvième de décembre partismes de Potierre et vinsmes a Mussy levesque et y a une grande lieue. Cest une petite ville ou il y a des bons logis et de la Barsussaine a trois lieues. Nous vinsmes disner et despendis   6 gros.

Apres disner partismes de Barsussaine et y a jusqua la ville de Troie sept lieues, et sy a du may chemin ; le pais est plain ; et ad cause des pluies le chemin estoit cras, et fut tard quant arrivasmes audit Troie. Nous y demourasmes jusque lendemain que eusmes disner pour veoir la ville laquelle est belle et forte marchande et ses eglises fort aornes. Nous fusmes veoir le clocque qui est au beffroy cest une belle pieche : elle a huit pies de creu en largeur Il nous fallut donner argent pour le veoir. Apres nous vinsmes disner et despendis audit Troie   18 gros.

    Apres disner partismes de Troie mon compaghnon Jehan le Danois car je ne le vollu laissier jusqua Paris, ad cause de le promesse que aviesmes ensamble fait. Toutefois me tordoie autant quil y a de Troie audit Paris, et ainssy cheminasmes et trouvasmes ung villaige nommes Pavillon et y a quatre lieues de Troie ; nous passasmes oultre ad cause que aviesmes sy bon chemin, et vinsmes au giste a Margny ung villaige qui est environ deux jets darcque du grant chemin et y a dudit Pavillon trois lieues. Je despendis audit Margny   11 gros.

    Le vingt sixième partismes de Maigny et vinsmes a Nogant dont il y a cinq lieues, cest une petite ville bien plaisante, et y a des bons logis ; et se est tout plain païs. Nous demourasmes au disner audit Noyan et y despendis   6 gros.

    Apres disner partismes de Noyan et vinsmes a Prouvins, et y a quatre lieues et fault passer ung petit bos que est perilleux se y a du chemin fort rompu. Ledit Prouvins est une moïenne ville, ou il y a des bons logis, nous y demourasmes au giste et y despendis   12 gros et demy.

    Le douzième de décembre partismes de Prouvins et vinsmes a Nangy et y a cinq lieues tout plain païs. Nous demourasmes au disner audit Nangy et y despendis   6 gros.

    Apres disner partismes de Nangy, et vinsmes a Guienne dont il y a chincq lieues assez bon chemin. Nous y demourasmes au giste audit Guyenne et y despendis   12 gros et demy.

    Le treizième de décembre partismes de Guyenne et vinsmes a

Boissy dont y a cinq lieues petites. Le chemin estoit assez bon. Nous disnasmes audit Boissy, cest ung villaige. Nous fusmes bien traicties et despendis   6 gros.

 Apres disner partismes de Boissy et soubit percheusmes Paris ; car il ny a que quatre lieues dudit Boissy et beau chemin, et vray Dieu que jestoie joyeulx. Je ne chessay de chanter de joie. Nous venus en Paris mon compaghnon Jehan le danois vollut aller logier au sainct esprit son logis acoustumes, et est tenant le taverne du petit cherf ; et moy men vins logier a mon logis tenant le porte au paintre a lasne roiie, penssant dy trouver les trois engles que sestoient partis de nous a Esquebelle comme ay escript devant. Et leur avoie bailles par escript ledit logis et y vinrent logier, dont sestoient party le matinee penssant que nous ne veriesmes point encoire. Jeusse estes encoire plus joyeux de les trouver. Je soupay avec mon hoste, et avec pluseurs marchands que mavoient acoustumes de veoir audit logis dont fismes bonne chiere, despendis pour me bouce   6 gros.

 Le quatorzième de décembre moy estant nouvel arrives comme dict est allay veoir pluseurs marchands ou que javoie pluseurs fois eu marchandises. Dieu scet que chiere il nous firent a nous deux mon compaghnon ; et fus audit Paris quatre jours ; et fut par les prieres de aulcune bonne marchande desquelles avoient leurs barons sur le chemin de Lion ; elles en avoient eu nouvelles. Se firent tant que demouray pour me veoir. Et adoncq fut le possible de le chiere que nous firent. Apres ce prismes congies nous deux ledit danois. Il sen alla tout seul de Paris en son païs ; et estoit de Gizor. Soyez sceur que nous faisoit bien mal de laissier lung laultre. Apres comptay a mon hoste pour mon cheval et me couta depuis le dimenche vespre jusque le vendredy au matin a cause de la court
                 32 gros,

Ainssy le dix huit de décembre au matin party tout seul de Paris, et men vins le droict chemin pour venir a Douay, se men vins au giste a Luzerche et y despendis 12 gros.

Le dix neuf de décembre party dudit Luzerche, et men vins a ung gros villaige nommes Tricot a deux lieues de Mondidier dont fus la trois jours festoyant mes amis, et puis men vins a sainct Quentin veoir ung oncle que avoie et la fus trois jours, puis men vins a Cambray et arrivay audit Cambray le vingt troisième de décembre et y despendis et aussy a compter sur les champz depuis Luzerche 40 gros.

Le vingt quatrième nuict de Noel envoyay une lettre a me femme et se party lhomme a le porte ouvrir pour advertir de faire bonne provision pour festier cheulx qui mavoient conduit au aller jusqua Vallenchesnes et jusqua Cambray; et soubit que le sceurent vinrent au devant de moy.

Et moy je party de Cambray environ neuf heures, et quant je fus entre Cantin et Douay me percheurent cheulx devant dis. Adoncq eussies veu accourir a cousse de cheval apres moy. Et soies sceur que jestoie bien joyeulx. Car quant vins a laborder ne scavoie parler de joie. Apres che vinrent tous les confreres de sainct Jacques baniere desploie ad cause que avoie fait aussy le voyaige et que estoie confrere. Aussy vinrent a che que me sambla plus de deux mille persounes et en fut le marchiet au bled atargies. Car la plus part des marchans estoient avecque moy. Et environ douze heures entray a Douay. Loes soit Dieu et a sa louenge puisse estre, et au salut de moy et de tous cheulx quy aront faict ung tel voyaige ou quy voront lire cedit livre puisse gaigner paradis. Amen.

Ainssy pour scavoir le tamps est espasse, et aussy quantes lieux il y a, et aussy les despens que jay faict audit sainct voyaige

25.

comme ay escript au premier. Appert que jay estes neuf mois et cinq jours. Appert aussy quil y a de Douay ou de Vallenchesnes jusqua Rome   380 lieues.

Appert aussy quil y a de Rome jusqua nostre dame de Lorette   122 mille.

Item de le Lorette a Ancone   12 mille.

A Ancone fault monter sur mer et y a jusque a Venise   255 mille.

De Venise au premier port que prismes ce fut a Rubine   10 mille.

De la Parensse   110 mille.

De Rubine a lisle Gente gresse   800 mille.

De Gente a la ville de Candie   400 mille.

De Candie a Rodhe   300 mille.

De Rodhe a Limesson port en Chipre   300 mille.

De Limesson au port de Jaf   250 mille.

De Jaf a la saincte cite de Hierusalem   42 mille.

De Hierusalem au fleuve Jourdain   30 mille.

Item pour scavoir quant lieues il y a de Douay jusque a Venise le droict chemin sans aller a Rome et a compter deux mille pour une lieue appert quil y a   316 lieues.

Et de Venise jusque en Hierusalem il faut conter trois mille pour une lieue.

Ainssy appert quil y a de Douay   1,051 lieues.

Item pour che que ay escris, les despens que jay faict audit voyaige, troeuve que ma coustes parmy le cheval que je eux a Padoue de neuf escut et demy au soleil. Car moy retournes morut ung petit apres; et ainssy appert a le somme de quatre cens quatorze livres trois gros.

Sans touchier a pluseurs petits dons faiet en chemin, et aussy a mon retour en lespasse que y mis a faire ledit voyaige monte a la somme de vingt deux livres dix gros.

Pour donner a congnoistre pourquoy ay vollus ainssy mettre par escript toute la despensse sur le voyage. Che a estes ad cause que fus requis a la premiere repeusse par dela Paris que vaussisse estre le boursiet. Dont fus content et de peur que on eult pensser mal quant il falloit ravoir de nouvelle argent, pris la paine de escrire tout. La par ceste cause ici monstres on largent estes despendus.

Item aussy voeult mettre par escript comment je fus menes avant partir, ad cause que ne faisoit point mon conte de partir si tost avoie changies des saïes a Paris et des draps de soie. Et quant sceu le compagnie des deux Vendezie, comme est escript devant desirant davoir bonne compagnie annonchoie partout mesdis draps de soie, disant que cestoit pour faire le sainct voyaige ; mais je ne trouvay nuls que les vollut acheter argent comptant ; mais pluseurs les demandoient a paier a mon retour. De amoitie par desplaisir vendis trois pourpoins de damas ou lestofe, et moy plus enflambes que devant demanday en pluseurs lieux argent a pension ; mais je ne trouvoie nuls a Douay. Sambloie que Dieu ou le monde me vollut destourber daller au sainct voyaige. Je diligentay tant que trouvay ung homme de bien a Vallenchesnes qui me secourut sur mes héritaiges que jay sur le Haynaut. Mais le seigneur me fit paier dix livres de Flandre pour les droits seigneuriaux, comme se eut estes pour aller tuer largent a deux detz.

Les eschevins dudit lieu a une bonne lieu de Douay pour y venir ad cause quil falloit que me femme et me fille greassent largent que prenoie me couta audis bien 100 gros.

Et ainssy croy que ceulx devant penssoient que ne revenroie point. Pour che prenoient ce quil povoient. Mais loes soit Dieu le createur jen suis revenus tout debet. Et pour donner loenge audit createur, aujourdhuy seizième de juillet quinze cens vingt trois ayans acheves ce second livre troeuve que ay plus de biens temporelz chincquante livres chascun an que navoie quant je partis pour aller audit voyaige.

Et pourtant layde de Dieu est grande. Dont luy prie quy nou donne a chascun sa grace et paradis en la fin. Amen.

> Che present livre a faict Jacques le Saige
> Lequel est bien sarpillit de languaige
> Grant crocheteur de boutelles et de flacquon
> Je prie a Dieu quy luy fache pardon.
>
> AMEN.

NOMS VÉRITABLES

DES

LIEUX ET DES PERSONNES[*].

Anon	Annone	*Lombardie.*
Arquenar	Reccanati	*Etats de Rome.*
Arquependente	Acquependente	*Id.*
Bac	Choisy-au-Bac	*France (Oise).*
Baf	Paphos	*Isle de Chipre.*
Baquenne	Bacano	*Etats de Rome.*
Barsussaine	Bar-sur-Seine	*France (Aube).*
Barut	Terre de Baruth.	*Syrie.*
Belveure	Bellevesvre	*France (Ain).*

[*] Il est bien entendu que l'on ne relève que les noms tronqués et méconnaissables.

Boncouvent	Buoncovento	Toscane.
Bonfriolle	Bouffaloza	Milanais.
Bougierre	Voghera	Id.
Boullogne	Bologne	Etats de Rome.
Bourgiet	Bourget	Savoie.
Bourgoil	Cadori	Piémont.
Boursain	Bolsena	Etats de Rome.
Bresse	Brescia	Etats de Venise.
Broine	Broin	Lombardie.
Cachene	Casciano	Toscane.
Carmille	Carmel	Syrie.
Cassant	Cassano	Lombardie.
Castel sainct Jhan	Castel san Giovani	Id.
Castillon	Chatillon	France (Ain).
Chastel	Castellazo	Milanais.
Chastel nove	Castel Nuovo	Etats de Rome.
Cherins	Cerines	Isle de Chypre.
Chillan	Ciano	Milanais.
Chitaree	Cythère	Isle de.
Conne	Cosne	France (Nièvre).
Corbel	Corbeil	Fr. (Seine-et-Oise).
Corssole	Curzola	Dalmatie.
Cruselle	Croisille	France (Ain).
Damstredam	Amsterdam (d')	Hollande.
Dandely	Andelys (les)	France (Eure).
Digeon	Dijon.	France (Côte-d'Or).
Ecquebelle	Aiguebelle	France (Isère).
Escreperie	Scarperia	Toscane.
Fellichient	Feliciano	Lombardie.
Flourensolle	Fiorenzuola	Etats de Rome,

Gazal	Gaza	*Syrie.*
Gente	Zante	*Isle de l'Adriatique.*
Gest	Gex	*France (Ain).*
Gresse	Grèce.	—
Haulx	Halle (Not.-Dame de)	*Belgique.*
Hen	Ham	*France (Oise).*
Hierico	Jéricho	*Syrie.*
Jaf	Jaffa-Joppe	*Id.*
Jare	Capo della chiara	*Dalmatie.*
Laine le bourg	Lanslebourg	*Savoie.*
La Mouche	Muccia	*Etats de Rome.*
Lapaille	Paglia	*Id.*
Lerre	Loire.	—
Lezenne, Lisenne,	Lezina	*Isle de l'Adriatique.*
Limechon	Limesso	*Isle de Chypre.*
Lion Saunier	Lons-le-Saulnier	*France (Jura).*
Lozenne	Lausanne	*Suisse.*
Luiant	Lofana	*Bolonais.*
Luna	Lonate	*Piémont.*
Luzerches	Luzarches	*France (Oise).*
Magon	Umago	*Istrie.*
Margny	Marigny.	*France (Aube).*
Martignies	Martinenga	*Etats de Venise.*
Mellan	Milan.	—
Mollin	Moulins	*France (Allier).*
Moncallier	Moncaglieri	*Piémont.*
Moran	Moyrans	*France (Jura).*
Morengue	Marengo	*Etats de Venise.*
Montabel	Montebello	*Id.*

Montefiascon	Montefiascone	*Etats de Rome.*
Monteroche	Monterosi	*Id.*
Mont de Senis	Mont Cenis.	—
Nangy	Nangis	*Fr. (Seine-et-Marne).*
Nargne	Narni	*Etats de Rome.*
Nichil	Annecy	*Savoie.*
Nosre	Annoie.	*Id.*
Noyan	Nogent-sur-Vernisson	*France (Loiret).*
Nouviellaize	Novaleza	*Savoie.*
Orgelles	Orgelet	*France (Jura).*
Padue	Padoue	—
Paix (la)	Petriolo	*Etats de Rome.*
Palmes	Parma	—
Parensse	Paranzo	*Etats de Venise.*
Patemos	Pathmos	*Isle de.*
Pellegose	Pelagosa	*Isle de l'Adriatique.*
Pesere	Pesaro	*Etats de l'Eglise.*
Pienort	Pianoro	*Bolonais.*
Pisquere	Peschiera	*Piémont.*
Pietremar	Pietra-Mala	*Toscane.*
Plaisanche	Piazença	*Plaisance.*
Pommes	Pomo	*Isle de l'Adriatique.*
Pont a couronnes	Ponte corone	*Lombardie.*
Pontenu	Pont-Nura	*Plaisance.*
Pontesseul	Piostello	*Lombardie.*
Ponte d'Oie	Ponte-d'Oglio	*Etats de Venise.*
Prouvins	Provins	*Fr. (Seine-et-Marne).*
Quaz	Chivas	*Milanais.*
Quioze	Chioggia	*Etats de Venise.*
Rasme	Rama-Ramlel	*Syrie.*

Recours	Rocca	*Etats de Rome.*
Regge	Reggio	*Id.*
Réalt	Rialto	*Venise.*
Rimine	Rimini	*Etats de Rome.*
Regnaut	Arrignano	*Id.*
Rivolle	Rivoli	*Piémont.*
Rober	Rubbiera	*Etats de Rome.*
Rouane	Roane	*France (Loire).*
Ronne	Rhône.	—
Roussillon	Roncigliano	*Etats de Rome.*
Rozee	Roisel	*France (Somme).*
Rubine	Ravignano	*Etats de Venise.*
Rodhe	Rhodes.	—
Saine	Seine.	—
Saune	Saône.	—
Satalie (gouffre de)	Golfe de Satallie.	—
Setradelle	Stradella	*Milanais.*
Silloy	Siloë (fontaine de).	*Syrie.*
Siene la Vieze	Sienne	*Etats de Rome.*
Sogor	Sodome	*Syrie.*
Simon Serenes	Simon le Cyrénéen.	—
Sainct Andry	Saint André	*Savoie.*
S. Criart	S. Cyriaque.	—
S. Germain	S. Gennaro	*Milanois.*
S. Jean de Morianne	S. Jean de Maurienne	*Savoie.*
S. Pierre le Moutier	S. Pierre le Moustier	*France (Nièvre).*
S. Safournin	S. Symphorien	*France (Rhône).*
S. Joris	S. Georgio.	*Savoie.*
S. Denis	Borgo s. Donino	*Parme.*
S. Laurens	S. Lorenzo	*Etats de Rome.*

Saincte Yate	Santhia	*Milanais.*
Sainct Andrien	S. André	*Savoie.*
S. Jehan de Lonne	S. Jean de Losne	*France (Côte-d'Or).*
S. Soine	S. Seine	*Id.*
Safalonie	Céphalonie	*Isle de.*
Sepoullet	Spoletto	*Etats de Rome.*
Sinagaiie	Sinagaglia	*Id.*
Songnies	Soignies	*Haynaut.*
Sophie	Constantinople.	—
Surie	Syrie.	—
Terrare	Tarare	*France (Rhône).*
Tennere	Tanaro	*Piémont.*
Tollentin	Tolentino	*Etats de Rome.*
Tourtonne	Tortone	*Lombardie.*
Trivy	Triviglio	*Piémont.*
Troie	Troyes	*France (Aube).*
Vallenschesnes	Valenciennes	*France (Nord).*
Verssel	Verceil	*Piémont.*
Verchant	Vechiano	*Etats de Rome.*
Villaie	Veillane	*Piémont.*
Ville noeuve	Villa nova	*Toscane.*
Vinchense	Vicence	—

PETIT GLOSSAIRE

PETIT GLOSSAIRE

A L'USAGE DE CE VOYAGE.

A.

Achainte. Couverture, toiture.
Affuloir. Bonnet, linge propre a couvrir la tête et les épaules; affulure, du latin *infulare*.
Agripper. S'attacher.

Ahert. Saisi.
Arcure. Voûte.
Asselles. Asseille, petit ais en bois, planchette.
Atre. Cour, place, cimetière.

B.

Baron. Mari.
Barter. Changer, troquer. Barater, de l'anglais *Barter*.

« On fait le ban que nus ne soit si hardis homme ne feme en tote ceste ville qui face nul *barat* de laine a drus ne a tiretaine. »
(*Ban des barats de l'an* 1357.)

Basiner. Frapper de la tête contre les parois.
Bastons. Armes, canons.
Bericles de voir. Besicles de verre.
Bisse. Biche.

Bibelot. Sorte de pâtisserie, de la forme d'une cheville ou d'un clou.
Blasser, brasser. Fomenter, tramer.
Boschu. Bossu, boisé, accidenté.
Bougettes. Sorte de bissac, sac de voyage.
Braguer, brageoires. Coquetter, chercher à plaire, étalage; de l'anglais *Bragery*.

C.

Cameau. Chameau.
Capitle. Chapitre.
Cappes. Capres.
Cat-mahieu. Camayeux, étoffe en peinture.
Cervoise. Bierre.
Ceunevasse. Canevas, toile de chanvre.
Ceves. Chevets.
Cheir. Tomber.
Ciche. Pois chiches.
Collest. Cou.
Colle-choux. Choux cabuts.
Coulletiers. Courtiers.
Colligée. Collisée.
Corée. Fressure d'animaux, intestins, entrailles, boyaux. En termes de chasse, *curée*.
Coulombe. Colonne.
Courchier. Se fâcher, se mettre en courroux.
Cousturier. Tailleur.
Crochezierre. Crocigeri, monastère des Porte-Croix.
Coysir. Coisir, découvrir, appercevoir.

D.

Dades. Dattes.
Deguaigne. De guignon.
Dehet. Affligé, chagrin.
Despens. Dépenses.
Derusmer. User, ici pour *boire*.
Dertre. Dextre, diestre, destre. Mesure de trois pieds de Douai, ou trente-trois pouces de Roi, trente centimètres.

<small>(Compte du domaine de la ville de Douai de 1600. Reg. aux embriévements *, fol. 96.)</small>

Dient. Disent.
Dignités. Reliques, choses précieuses.
Dolfs. Dauphins.
Dossière. Couverture, couvercle.
Doublies. Linge ouvré, nappe commune.

<small>* Embriévements, *amortissements*.</small>

E.

Encombries. Encombre.
Enfremerie. Infirmerie.
Engourdinés. Entourés de rideaux, de courtines.
Engles. Anglais.
Entorquier. Entortiller, du latin Intorquere.
Escarser. Economiser.
Escabiter, escahiter. Echeoir, arriver.
Escliser. Faire des éclairs.
Esconsé. Caché, couché.
Escorie. Fouet, lanière.
Espelir. Sans plus dire. Du latin *expellere*.
Estrain. Paille.
Estries. Souricière. Du latin *stringo*.
Estriver. Discuter.
Essilier. Endommager.

F.

Fanne. Faille, morceau d'étoffe dont les femmes se couvrent la tête et les épaules.
Faux riche. Nabal, le mauvais riche.
Fierte. Chasse, cercueil, reliquaire.
Flamich. Flamique, flamiche : Gâteau ou galette que l'on fait cuir au four ; du flamand *vlaeming*.
Flassart. Couverture de cheval.
Frete. Rusé.
Froyer. Frayer.
Fust. Flûte.

G.

Gaigest, gaiet. Agrément.
Gallées. Galères.
Gattes. Jattes.
Geron. Giron.
Gistes. Gites.
Grebes. Grèves.

H.

Hardelées. Cordelées.
Harpoyer. Enduire de poix, goudronner.
Hatriau. Cou.
Haves. Crocs de fer.
Hella. Allah.

27.

Héquier. Héquer, couper, hacher.
Hinguer. Essayer, s'efforcer.
Het. Joie, plaisir, gaieté.
Hodance. Fatigue.
Hoder. Fatiguer.
Honine. Chenille.
Houpper. Houspiller.

Huisserie. De huis, entrée. Garniture de porte, son ouverture en largeur et longueur; toutes les pièces qui forment son chambranle.
Humer. Manger.
Huncques. Alors, maintenant.

J.

Jocquier. Arrêter.

L.

Laiens. Dedens, céans. Illic, Intus.
Lalle. L'aller.
Larssenacle. L'arsenal.
Lavasse. Flaque d'eau.
Lestre, estre. Le bord, le dehors.

Lez. Coté.
Lifecteur. L'infection.
Limischon, Lymichon. Limaçon.
Lincheu. Couverture de toile, morceau de toile.
Luyzeau. Cercueil.

M.

Malsuy. Marsouin.
Maron. Guide.
Maronier. Homme de mer, marin.
Materas. Matelas.
Matteles. De mate, être mâte, fatigué.

Medic, medinc. Monnaie turque.
Menandie. Manoir, habitation.
Murdre. Meurtre.
Mesus. Abus, mauvais usage.
Mendre. Manger.

N.

Navetière. Plantis de navets.

Noquere. Nochère.

O.

Obbe. Aube, vêtement de prêtre.
Ocq. Coupure.
Onny. Uni.

P.

Parcq de Dedalus. Labyrinthe.
Parsis, Parisis. Monnaie.
Pastoriaux. Bergers.
Paulx. Pouce.
Pieur. Pire.
Pertries. Perdrix.
Pilleux. Perilleux.
Phelippus. Pièce d'or à l'effigie de Philippe d'Autriche, dit *le Beau.*
Plaine. Plat, formant plaine.
Pochons. Pots.
Poiie, Harpoiie. Poix, goudronné.
Porget. Porche.
Portas. Portail.
Poullenois. Polonais.
Pourpris. Enceinte, enclos.
Pouttée, Pottée. Terre amenée par les eaux.
Punaizie. Puanteur.

Q.

Quars. Chars.
Quetz. Chevet.
Queve. Cuve.
Queuverchief. Couvre-chef, voile, coiffure.
Quoye. Tranquille.
Quiennales. Canailles.

R.

Ragranger. Agrandir.
Raines. Grenouille. Du latin *rana.*
Ratissier. Ratisser, passer au rateau.
Recoeul. Invitation.
Rechiner. Goûter.
Recreer. Converser, soigner.
Retrect. Retrait, latrines, lieu secret.
Rewauvrer. Remettre, rétablir.
Repaistres. Repas.
Repites. Qui eût repit, grâce.

S.

Sacoiser. Faiblir, devenir coi.
Saiette. Flèche.
Salloir. Vider hors.
Spanter. Epouvanter.
Sarpilit. Grossier.
Sauchisses de Bouleny. Saucissons de Boulogne.
Saufvetes. Sûreté.
Sauller. Lasser.
Soret. Hareng saur.
Saulmons. Saumons.
Saussois. Plantis de saules.
Serue. Serve, esclave.
Sieult. Suit.
Singalle. Cigale.
Soiette. Petite scie. Instrument dont on râclait, *soyait* les cordes.
Solloir. Avoir continué, habitude.
Songnie. Cierge fort mince que l'on votait à la Vierge.

T.

Taconner. Raccommoder.
Taurer. Enlever, voler.
Tenner. Lasser, fatiguer, *tanner, tennanche,* ennui.
Terrien. Propriétaire de terres.
Toupier. Tourner.
Touquet. Coin, angle.
Trin. Qui est en trois, *trinus.*

<small>Donne-nous hui la consolation
De cil qui est tout amour et bonté,
De toi mon Dieu *trin* en éternité
Regnant sans fin en gloire nete et pure.
(**Mystères des Actes des Apôtres.**)</small>

Tronielle. Etre joué, aller à la *trondielle.*
Tinneraux. Sautriaux.
Trusseman, trussement. Interprête.
Tesnet. Mince, léger.

U.

Ullassent. Hurlassent.
Umbrach. Ombrage.

V.

Vuancrer, vaucréer. Courir de côté et d'autre.
Vaulte. Pâte roulée faite avec des œufs, en forme de voûte.

Vaussée, voussure. Voûte.
Velte. Mesure, prise ici pour tonneau.
Vennés. Vannés.
Vesprée. Soirée.

Viller. Vivre comme on vit.
Vioiriers. Ouvriers verriers en cristal.
Vuaulle. Gaule.
Vuit. Vide.

W.

Wasons. Gazons.

NOTES

ET

ÉCLAIRCISSEMENTS DIVERS.

NOTES DIVERSES.

Patart. — Le patart valait quinze deniers, ou six centimes un quart.

Gros. — Le gros valait demi patart, sept deniers et demi, ou trois centimes un huitième.

Sol. — Le sol valait douze deniers, cinq centimes.

Florin. — Le florin de Douai valait vingt-cinq sols, un franc vingt-cinq centimes.

Livre. — La livre, monnoie de Flandre dite petite livre, valait dix patarts, ou douze sols six deniers tournois. Elle était composée de vingt gros ou sols, et le sou de douze deniers ; c'était donc soixante-deux centimes un quart. Cette livre a été en usage jusqu'à la fin du XVIIe siècle.

Ecu d'or au soleil. — Nommé ainsi parce qu'au-dessus de la couronne il y avait un petit soleil à huit rayons. Il serait difficile de donner aujourd'hui la valeur de l'écu au soleil, à l'époque du voyage de Jacques Lesaige. Louis XI fit frapper cette monnaie en 1475 ; on la frappait encore sous Louis XIV. Elle a souvent changé de prix sans changer de poids et de titre. En 1475, l'écu au soleil ne valait que 27 sols, et en 1690 il valait près de six livres.

Florence. — Eglise St-Jean. Portes du baptistère de Ghiberti. (Page 20.)

Pape. Le pape qui canonisa saint François de Paule est le célèbre Léon X, de la famille des Médicis. (P. 25.)

Ghigi. Ghigi, Augustin. — Ce marchand d'alun est le chef de la célèbre famille Ghigi, qui donna à l'église le pape Innocent XI, Odelcaschi Ghigi. Augustin fit construire la chapelle Ghigi, une des plus renommées de Rome, sur les dessins de Raphael. (P. 26).

Colysée. — L'impression que produit sur Jacques la vue du Colysée n'a rien de surprenant. Pouvait-il avoir l'idée d'un ampithéâtre propre à contenir plus de cent mille spectateurs, quatre-vingt-sept mille sur les gradins et vingt mille sous les portiques ? (P. 29.)

Bartholomeo Colleoni, que notre pèlerin nomme Bertellemy Coullon et qu'il dit avoir été de *Bresse* (Brescia), était né au château de Solza, près de Bergame. L'inscription mise au bas de sa statue à Venise le prouve assez : *Bartholomeo Colleono Bergamensi*...... Colleoni est un des fondateurs de l'art de la guerre en Europe. (P. 45.)

Gatta Melata. — La statue équestre de Padoue, dont parle Jacques Lesaige, est celle du *condottieri* Gatta Melata, par Donatello. (P. 50.)

Duc ou doge de Venise. — Le doge dont il est question est Léonard Loredano, mort le 22 juin 1521, à l'âge de 90 ans. Il avait donc 87 ans lors du passage de Jacques à Venise. (P. 53.)

Roi d'Angleterre. — Le roi auquel Jacques fait allusion est Richard 1er, dit *Cœur-de-Lion*. La cause de cette destruction de Limesse est toute autre, comme nous l'apprend l'histoire. (P. 92.)

Saint Mathieu. — « Tout pres de la est une pierre ou sainct Mathieu fut » esleu apostre au lieu de Judas. » Ici le savoir du dévôt pèlerin lui fait défaut ; ce n'est point saint Mathieu qui fut élu au lieu de Judas, mais bien *saint Mathias*. (P. 106.)

Jérusalem. — L'église du Saint-Sépulcre, que M. de Chateaubriant avait encore vue en 1806, a été ravagée par un incendie le 12 octobre 1807 ; mais les flammes n'atteignirent pas le sépulcre de Jésus-Christ, renfermé dans une chapelle sous le dôme de l'église.

La meilleure description du Saint-Sépulcre est celle que nous en a donnée Deshayes et qu'a reproduite M. de Chateaubriant dans son *Itinéraire*, t. 2, p. 6 et suiv. (P. 109.)

Arméniens. — Les Francs-Arméniens sont catholiques et soumis à l'église romaine. Les Arméniens schismatiques ont deux patriarches et sont dissidents. (P. 112.)

GÉORGIENS. — Diffèrent peu des Arméniens catholiques ; mais il y a aussi des schismatiques. (P. 112.)

JACOBITES. — Secte d'orientaux, appelés autrement *Monophysites*, parce qu'ils croient qu'il n'y a qu'une nature en Jésus-Christ. (P. 112.)

NESTORIENS. Appelés aussi *Chaldéens* et *Chrétiens d'Orient*. Ils avaient été nommés Nestoriens, parce qu'ils avaient adopté les erreurs de Nestorius, évêque de Constantinople. (P. 112.)

NOTRE-DAME DE WAZIERE. — Le pèlerin veut parler de l'église du village de Waziers, près Douai, qui avait pour patronne sainte Rictrude. On y allait en pélerinage. (P. 146.)

PRINCE. — « Et pour che que estiesmes tous a ung price. » Jacques entend par là que la Flandre et les Pays-Bas étaient réunis sous le même sceptre, celui de Charles-Quint. (P. 160.)

UNE CHANDELLE ARDENTE. — Notre pélerin veut parler du phénomène connu des marins sous le nom de *feu St-Elme*. (P. 162.)

PALMES. — Etait dit *Palmier, Paulmier, Paumier*, celui qui appartenait à une confrérie de pèlerins de Jérusalem ; les membres en portaient des palmes en leurs mains. Dans le roman de Blanchardin, manuscrit, on lit :

> Et de Jérusalem venons
> Vez les paumes que nous portons.

Ceux qui avaient été à Jérusalem étaient aussi dits *Palmarii*. La Syrie est fertile en palmes. (P. 169.)

BARLET. — Jacques répète plusieurs fois, lorsqu'il se trouve dans des positions difficiles ou désagréables, qu'il voudrait être au *Barlet*. Il convient de dire que le Barlet est une place de Douai, qui servait alors, comme elle sert aujourd'hui, de promenade et de marché aux bestiaux. Le mot *Barlet* signifiait proprement rempart.

BEFFROI DE DOUAI. — Ce beffroi est élevé de 60 mètres 33 cent., 186 pieds 8 pouces de Roi, faisant 203 pieds 8 pouces 3/4, mesure de Douai.

LISTE

DES SOUSCRIPTEURS.

	Exemp.
bliothèque publique d'Arras	1
— d'Amiens	1
— de Berlin	1
— de Besançon	1
— de Cambrai	1
— de Douai	1

	Exemp.
Bibliothèque publique de Gand	1
— de Lille	1
Bibliothèque de l'Assemblée législative, à Paris	1
La Société centrale d'agriculture, sciences et arts de Douai	1

MM.   Ex.

- erlant, entrepreneur, à Douai . . . 1
- illiencourt (de), ancien notaire, à Douai. 1
- cquet de Mégille, propriétaire, à Douai. 1
- harelle, ancien notaire, à Douai . . . 1
- noit, conseiller, à Douai 1
- gant, conseiller, à Douai 1
- cquel, libraire, à Lille 1
- mmart-Dequersonnière, propriétaire, à Douai 1
- mmart (Anacharsis), propriétaire, à Douai 1
- bant (de), supérieur-général de la Ste-Union, à Douai 1
- u (de), bibliothécaire du duc d'Aremberg 1

MM.   Ex.

- Burckall, prieur des Bénédictins anglais, à Douai 1
- Capon, notaire honoraire, à Douai . . 1
- Castiaux, libraire, à Lille 2
- Cavrois, percepteur, à Douai 1
- Cayrol, ancien député, à Compiègne . 1
- Chappuy, propriétaire, à Douai . . . 1
- Choque, ancien député, à Douai . . . 1
- Comer, juge de paix, à Névèle . . . 1
- Coppin-Lejeune, négociant, à Douai . 1
- Couppey, juge, à Cherbourg 1
- Dancoisne, notaire, à Hénin-Liétard . 1
- David, ancien maire de Douai . . . 1
- Dejaeghère, brasseur, à Douai . . . 1
- Desprès, receveur des domaines, à Douai. 1

MM.

	Ex.
Desfontaines d'Azincourt, propriétaire, à Douai.	1
Desmarets, avocat, à Douai.	1
Dronsart, propriétaire, à Douai	1
Duboys (aîné), propriétaire, à Bourbon-l'Archambault.	1
Dubrulle, architecte, à Douai.	1
Dumont, avocat, à Douai.	1
Dumoulin, libraire, à Paris	4
Durand d'Elecourt, conseiller, à Douai	1
Durand de Lançon, receveur des finances, à Béthune.	1
Esclaibes (le comte d'), avocat, à Douai.	1
Flamant, avocat, à Douai.	1
Fleury, proviseur, à Douai	1
Fouques de Wagnonville, propriétaire, à Douai.	1
Fournet, aumônier du Lycée, à Douai.	1
Guilbert, maire de Cantin.	1
Guille, ancien notaire, à Douai.	1
Hattu, libraire, à Cambrai.	2
Héberlé, libraire, à Bruxelles.	2
Hendecourt (d'), propriétaire, à Douai.	2
Henneguier, avocat, à Montreuil.	1
Joly de Fleury (Mme de), propriétaire, à Clermont	1
Lagrange (le baron Amaury de), propriétaire, à Douai.	2
Laphalecque (de), Victor, propriétaire, à Douai.	1
Leboucq de Ternas, propriétaire, à Douai.	1
Lefebvre, doyen de Notre-Dame, à Douai.	1
Lequien, adjoint au maire, à Douai.	1
Leroy, maire de Douai.	

MM.

	Ex.
Luce père, propriétaire à Douai.	1
Luce fils, fabricant, à Douai.	1
Maingoval (de), ancien capitaine d'artillerie, à Douai.	1
Maloteau comte de Guerne, conseiller, à Douai	4
Maloteau de Guerne, Frédéric, à Douai	1
Maloteau de Guerne, Gustave, à Douai.	1
Mellez, capitaine en retraite, à Douai	1
Minart, conseiller, à Douai	1
Montozon (le comte de), à Douai.	1
Pastoret (le comte de), à Paris	1
Piérard, professeur, à Maubeuge	1
Potiez, Valéry, propriétaire, à Douai.	1
Place, propriétaire, à Lille	1
Plazanet, ancien colonel du génie, à Douai.	1
Plessis (du), président de la société académique, à Blois.	1
Remy de Campeau, maire de Campeau	1
Remy de Rombaut, ancien capitaine de cavalerie, à Douai	1
Remy de Gennes, propriétaire, à Douai.	1
Robert, colonel d'artillerie, à Douai.	1
Serge (le comte de), à Saint-Pétersbourg.	1
Souquet, conseiller, à Douai.	1
Stevens, avocat, à Bruxelles.	1
Tailliar, conseiller, à Douai.	1
Talon, avocat, à Douai.	1
Techener, libraire, à Paris	24
Thiessé, Léon, ancien préfet.	1
Trinquet-Leroy, propriétaire, à Douai.	1
Warenghien (le baron de), à Douai.	1
Wavrechin (Mme de), propriétaire, à Douai.	1

PLAN DE JÉRVSALEM
Vers la fin du XVI.e Siècle,
d'après Georges Hoefnagle.

Voyage de Jacques Le Saige, publié par H.R. Duthilloeul

Légende
Bains de Siloé
Sépulcre de la S.te Marie
Maison d'Anne
Torrent du Cédron
Porte d'Or
Le Temple
Le S.t Sépulcre
Calvaire
Vallée de Josaphat
Lieu où S.t Etienne fut lapidé
Maison de Pilate
Maison d'Hérode
S.te Véronique
Lieu où S.t Jean fut décollé
Tour de David ou des Pisans
S.te Marthe
Arc de Pilate
Mont des Oliviers
Tour de Siloé
Où naquit la Vierge
Porte de Joppe ou Jaffa
Tour de Josaphat
Maison de Marie Magdeleine
Moriah

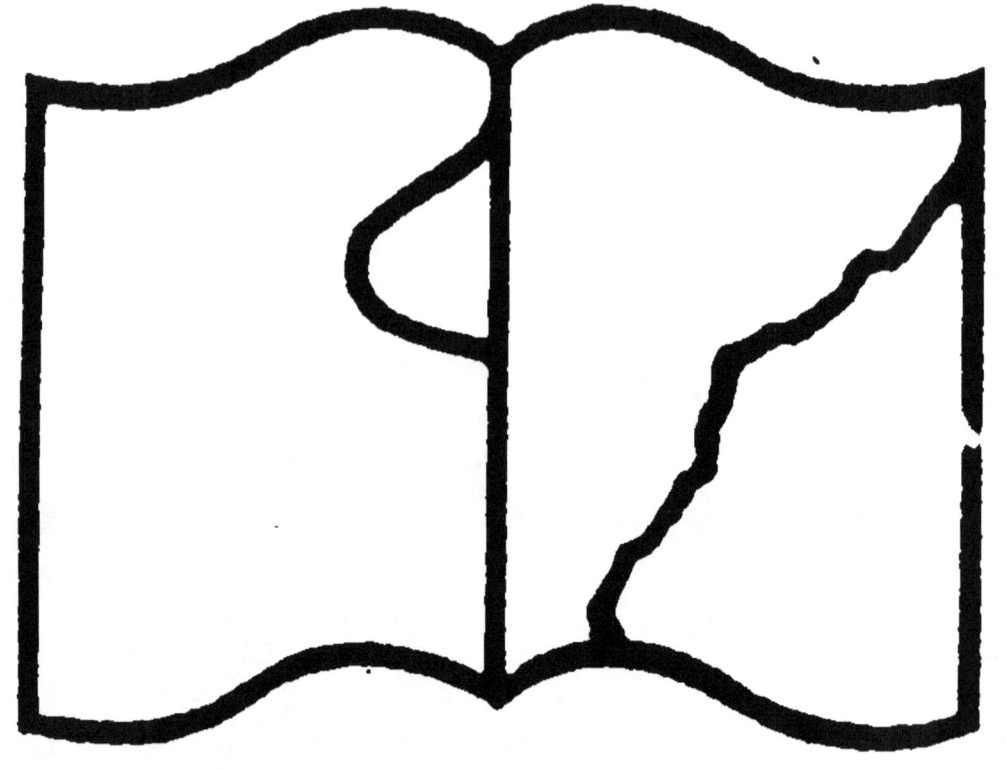

Texte détérioré
Marge(s) coupée(s)

VUE DE JÉRUSALEM,

Lors de l'Expédition des Français en Syrie Commencement du XVIIIᵐᵉ Siècle d'après Volney.

TABLE DES MATIÈRES.

	Pages.
Jacques Le Saige et les éditions de son livre	v
Jérusalem et les pèlerinages	xix
Texte	1
Rectification des noms de personnes et de lieux	199
Glossaire à l'usage du livre	207
Notes diverses	217
Liste des souscripteurs	221

Fin.

Adam d'Aubers, imp.

www.ingramcontent.com/pod-product-compliance
Lightning Source LLC
Chambersburg PA
CBHW070531170426
43200CB00011B/2391